Chambres
d'hôtes
à Paris

パリのシャンブル・ドット

Chambres
d'hôtes
à Paris

パリの①ジャナヴェ○ル・ドット

はじめに

「シャンブル・ドット」はフランス版B&Bのこと。

シャンブル・ドットと言えばこれまで田舎の宿というイメージが強く、例えば南仏にある貸し家のことだったり、農家を開放した民宿だったり。それがここ数年、パリでもアパルトマンを使ったシャンブル・ドットが増えてきました。
オリジナリティのある家、部屋には都会的で洗練されたインテリア、またユニークな発想で外国人旅行者だけでなく、フランス人にも注目されています。
客室は5部屋まで、宿泊人数は15人以下と小規模。そのため、オーナーと接する機会が多く、アットホームな雰囲気を楽しめるのも魅力のひとつ。何よりパリの暮らしを垣間見れる絶好のチャンス。本書ではパリをはじめ、南フランスやブルゴーニュなど今が旬の28軒を紹介します。

はじめてのパリでも、何度目かの旅行でも、パリ滞在がより楽しく魅力的なものになれば嬉しいです。

# Contents

はじめに　1
もくじ　2

01　Le boudoir de serendipity　4
　　ル・ブードワール・ドゥ・セランディピティー

02　Villa montmartre　10
　　ヴィラ・モンマルトル

03　Chez bertrand　16
　　シェ・ベルトラン

04　Villa clara　20
　　ヴィラ・クララ

05　Une chambre à montmartre　26
　　ユヌ・シャンブル・ア・モンマルトル

06　Le petit paradis de paris　32
　　ル・プティ・パラディ・ドゥ・パリ

07　Le studio 22　33
　　ル・ステュディオ・ヴァン・ドゥー

08　Côté montmartre　38
　　コテ・モンマルトル

09　The gentle gourmet　40
　　ザ・ジェントル・グルメ

10　Au sourire de montmartre　45
　　オゥ・スリール・ドゥ・モンマルトル

11　Chez jean-michel　48
　　シェ・ジャン-ミッシェル

12　B&B Guenot　52
　　B&B グノ

13　6mandel　57
　　シス・マンデル

14　A room in paris　61
　　ア・ルーム・イン・パリ

15　La villa paris　66
　　ラ・ヴィラ・パリ

16　Paris oasis　70
　　パリ・オアシス

| 17 | Bed & Beige<br>ベッド＆ベージュ | 73 |
| --- | --- | --- |
| 18 | Chez claire/Meeting the french<br>シェ・クレール | 78 |
| 19 | Thermas loft<br>テルマ・ロフト | 81 |
| 20 | Villa carioca<br>ヴィラ・カリオカ | 84 |
| 21 | Perfect paris rental<br>パーフェクト・パリ・レンタル | 89 |
| 22 | The box in Paris<br>ザ・ボックス・イン・パリ | 93 |
| 23 | L'Atelier des beaux-arts<br>ラトリエ・デ・ボザール | 98 |
| 24 | Chez nicolas<br>シェ・ニコラ | 103 |
| 25 | À la nouvelle athènes<br>ア・ラ・ヌーヴェル・アテネ | 106 |

## 南フランス・ブルゴーニュ

Montpellier モンペリエ

| | Baudon du mauny<br>ボードン・デュ・モニー | 112 |
| --- | --- | --- |

Marseille マルセイユ

| | Casa honoré<br>カサ・オノレ | 117 |
| --- | --- | --- |

Bourgogne ブルゴーニュ

| | La ferme de marie-eugénie<br>ラ・フェルム・ドゥ・マリー-ウジェニー | 121 |
| --- | --- | --- |

コラム

| 1 | 朝ごはん | 31 |
| --- | --- | --- |
| 2 | 建物と部屋 | 60 |
| 3 | こんな宿もあります | 72 |
| 4 | 晩ごはん | 97 |
| 5 | フランス語 | 111 |

情報一覧　　　　　　　　　126

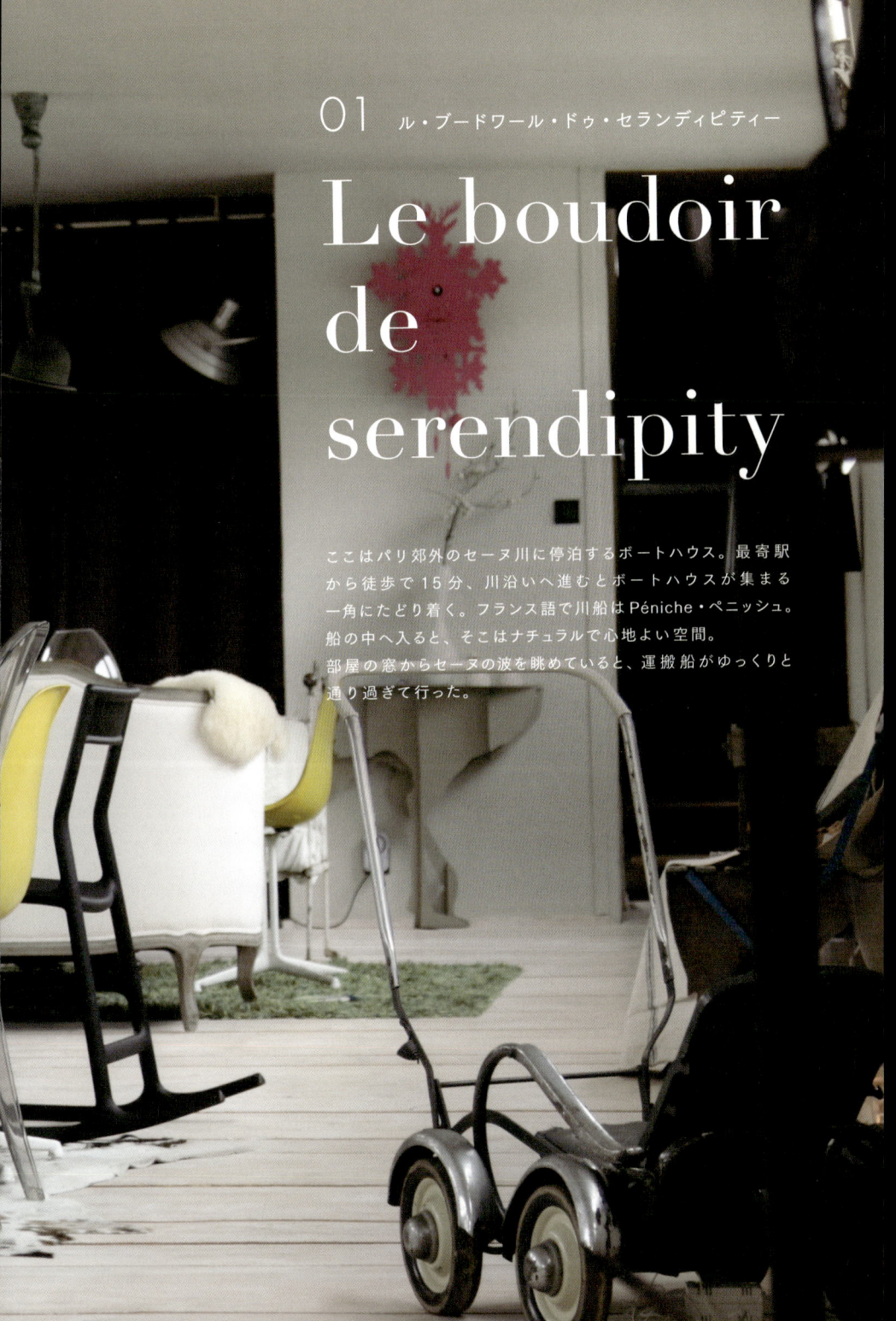

## 01 ル・ブードワール・ドゥ・セランディピティー
# Le boudoir de serendipity

ここはパリ郊外のセーヌ川に停泊するボートハウス。最寄駅から徒歩で15分、川沿いへ進むとボートハウスが集まる一角にたどり着く。フランス語で川船はPéniche・ペニッシュ。船の中へ入ると、そこはナチュラルで心地よい空間。部屋の窓からセーヌの波を眺めていると、運搬船がゆっくりと通り過ぎて行った。

サロンや客室のインテリアはマダムのマリーさんの趣味であるブロカント（骨董）とモダンな家具で上手くまとめられている。蚤の市で見つけたという小物やオブジェ、日用雑貨のさり気ないディスプレイも魅力的。
テーブルにはオレンジジュースとアプリコットのドライフルーツ。朝食には手作りのパンや焼き菓子、それに自家製ヨーグルトも。

船は黒に塗り替えたばかり。船上は広くテーブルやチェアの他、オブジェも置かれている。ここで、のんびりと夕暮時を過ごすのもいいし、昼間は日光浴を楽しむ人も。南の島まで行かなくても、街の喧騒から離れ、いつもとは違う日常を楽しむことができる。パリだけれど、どこか新鮮。週末にはフランス人の利用も多い。客室は3部屋でどれもシンプル。旅の休息として泊まってみたいところ。

02　ヴィラ・モンマルトル
# Villa montmartre

モンマルトルにある貸しアパルトマン。ロケーション、インテリアともに文句なしの素敵な部屋。ここはオテル・パティキュリエと呼ばれる個人の邸宅・館だったところ。観光地・モンマルトルにありながら、敷地内はとても静かで、緑に溢れた別世界。

アパルトマンの下には住人専用の中庭。窓からふと眺めるその風景や、
部屋に降り注ぐ光が避暑地のような雰囲気を感じさせてくれる。
晴れの日は棚から写真集を選び、ページをめくる。開けた窓からは、
自然のやさしい音。
部屋でパリの一日を満喫したい。

部屋はナチュラルだけれどラグジュアリー。心地よく、洗練されている。サロンに置かれた大きなオブジェはピレネーの農家で使われていた古い道具。
サロン、ベッドルーム、バスルームの他、キッチンも完備。オーナーは上の階に住んでいるので、困ったことがあれば、すぐに相談できる。ベッドルームは広く、大きなデスクが置かれ、ビジネス・トリップでも泊まってみたい。

03 シェ・ベルトラン

# Chez bertrand

室内にはシトロエンの2CV、別の部屋にはHARIBOの大きなマシーン。ここは遊び心満載のユニークなシャンブル・ドット。展示会や会議から戻ってきたビジネスマンが気分を変えて楽しく過ごせるように、また、美術館から帰ってきた子供達がこの部屋で騒げるように、とオーナーが考えたもの。もちろんHARIBOのお菓子は自由に食べてOK。

客室は4部屋（キッチン付き）、それぞれ違った趣で作られている。2CVのあるLe loftは4〜5人まで泊まることができ、家族やグループ旅行に人気。最寄駅はガリバルディ。クリーニャンクールのすぐそばにロフト、HARIBOのある部屋に至っては蚤の市の中。是非、このテーマパークのような雰囲気を楽しんでみて。

04　ヴィラ・クララ
# Villa clara

ゴージャス＆ラグジュアリー、それにオーナーのオリジナル・ワールドが炸裂したシャンブル・ドット。旅行者よりもパリジャンやパリジェンヌが記念日に滞在するというのも納得。9区マルティーユ通りに面した敷地内にあるオテル・パティキュリエで客室は1部屋。ゲスト専用の広いサロン、寝室、バス＆パウダールームと3部屋を一人占めできる。

オーナーのクララさんはファッションと音楽、そして旅が大好き。
そんな彼女のエスプリが効いた室内にはクラシカルなものから
旅先で見つけたエキゾチックなものまでが、ところ狭しと並んでいる。
ファッションも生き方もインテリアも、オリジナルで楽しくなくっちゃ！
と思わせてくれるとびきりの空間。
宿泊代には朝食の他、シャンパンも含まれ、サービスも豪華。

建物は1850年に建てられたもの。朝食は1階のサンルームかテラスで頂く。バゲットやヴィエノワズリなどのフレンチスタイルの他、ハムやチーズなどのサレ（塩）味のものも。テーブルにはシルバーの食器が並び、エレガントなひと時を味わえる。

05 ユヌ・シャンブル・ア・モンマルトル

# Une chambre
# à montmartre

18区アベス駅から徒歩で数分、モンマルトルの特徴である長い階段を上がると古いアパルトマンにたどり着く。この部屋の魅力は窓からパリが一望できること。晴れの日もいいけれど、雨の日はちょっとセンチメンタルで、より素敵な眺めを味わえる。インテリアをはじめ、室内に置かれた雑貨はどれも、アンティークのバイヤーだったオーナーが集めてきたもの。

裏手にはサクレクール寺院がありバスルームからの眺めは圧巻。建物はかつて修道女の宿泊所として建てられたもので、内部は古く昔のまま(エレベーターなし)。モンマルトルは駅をはじめ坂道や階段、石畳が多いので大きなスーツケースの時は迎えに来てもらうのがベスト。頑張って上がってみるのもこの宿ならでは。客室は1部屋。アパルトマン内ではなくゲスト専用の部屋が設けられている。

# Column 1.

## 朝ごはん
### Petit déjeuner

はじめてパリを訪れたのは十年以上前、長期の旅行をしている時だった。はじめてのパリ、地下鉄にも不慣れ、道にも迷いながら夜遅くに小さな宿にチェックインした。4月だというのにパリはとても寒く、その日は疲れ果てて、そのままベッドに沈んだ。
翌朝、朝食のためダイニングに向かうと、パン屋から届いたばかりと思われるバゲットが数十本ドンと置かれ、横で若いスタッフがバゲットを切っていた。
テーブルにつくと、そこには4分の1にカットされたバゲットとエスプレッソだけ。中央にはバターと数種類のジャム。えっ、これだけ?とビックリしながらも、辺りの客と同じようにバゲットをナイフで縦にカットし、バターを塗って、その上にジャムを塗り食べる。卵もハムもチーズもない地味な朝ごはんだけれど、濃厚なバターとジャムがなかなか美味しく、その後、これが一般的な朝ごはんの基本だとわかっていった。そして、このバゲットにバターとジャムを塗ったものをタルティーヌと呼ぶのを知ったのは、ずっと後のはなし。フランスの朝ごはんはシュクレ(甘系)が基本なので、チーズやハムなどのサレ(塩系)がでるのは旅行者向け。シャンブル・ドットではシンプルな朝ごはんが多いけれど、決してサービスが悪いわけではないのでガッカリしないで。貸し部屋に滞在の時は食材をマルシェやスーパーで買い込んで思う存分、朝ごはんを満喫してみるのもいいかも。毎朝、近所のパン屋さんに通うのも楽しみのひとつ。

無塩バター
(フランスでは無塩が主流)

海藻入りのバター

思わず、ジャケ買いしたくなるヨーグルト

手作りジャム

バゲットは1本、1ユーロ前後

chambre rouge

06　ル・プティ・パラディ・ドゥ・パリ

# Le petit paradis de paris

サン・ミッシェルのレストラン街にある貸しステュディオ。ステュディオとはワンルームの部屋のことで小さなスペースにキッチン、メザニン、サロンがうまく収まっている。赤でまとめられたこの部屋は「カワイイ×ポップ」なスタイルで一人旅の女性に大人気。

chambre noir

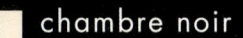

07 ル・ステュディオ・ヴァン・ドゥー
# Le studio 22

北マレにある貸しステュディオ。古い通りに洗練された ショップが並ぶお洒落な地区にある。パリで最も古いと されるマルシェ・デ・ザンファンルージュもすぐ近く。こちらの 部屋は黒やネイビーをベースとした「カワイイ×シック」な インテリアが特徴。

## chambre rouge

ステュディオの名前は「パリの小さなパラダイス」。1階には土産物屋。観光客や学生で溢れる賑やかな通りにありながら最上階の部屋はとても静か。自分の家でくつろいでいる雰囲気で、まさに「暮らすような旅」には最適な場所。

## chambre noir

食器はル・プティ・アトリエ・ドゥ・パリ、ディスプレイされた色鉛筆は無印良品のもの。星が散りばめられた雑貨も多く、これらはすべてオーナーのお気に入り。キッチンやバスルームも黒のタイルで統一されている。

## chambre rouge

部屋からはアパルトマンの煙突、その奥にはノートル・ダム寺院が見える。最寄駅はサン・ミッシェル。サン・ルイ島やマレ地区まで歩いていける。部屋は1週間単位（最低でも5日以上）からレンタル可能。

できる。北マレとはマレ地区からレピュブリック周辺を指す。お洒落な人も多くパリジェンヌを眺めるだけでも面白い。人気スポットやレストラン情報はオーナーに尋ねてみて。

08 コテ・モンマルトル

# Côté montmartre

最寄駅はトリニテ。オペラ座やモンマルトルにも近い抜群の
ロケーション。このアパルトマンは19世紀に建てられた豪華な
建物。映画に出てくるような古いエレベーターで最上階へ向かうと、
テラスからはサクレクール寺院とそこへ続く坂道が眺められる。

この宿はオーナーが住むアパルトマン内に泊まるのではなく、隣のステュディオがゲストルームになっている。朝食はオーナーのアパルトマンで頂く。サロンもいいけれど、夏は是非、テラスで。

09 ザ・ジェントル・グルメ

# The gentle gourmet

凱旋門からひと駅のところにあるビーガン向けのシャンブル・ドット。アメリカやイギリスからのビーガンの旅行者に人気の場所となっている。朝食の他、ディナーも提供し、食事は100％ビーガン料理。専門店の少ないパリでは貴重な存在。何より、家族経営の温かさを感じられる素敵な宿でもある。

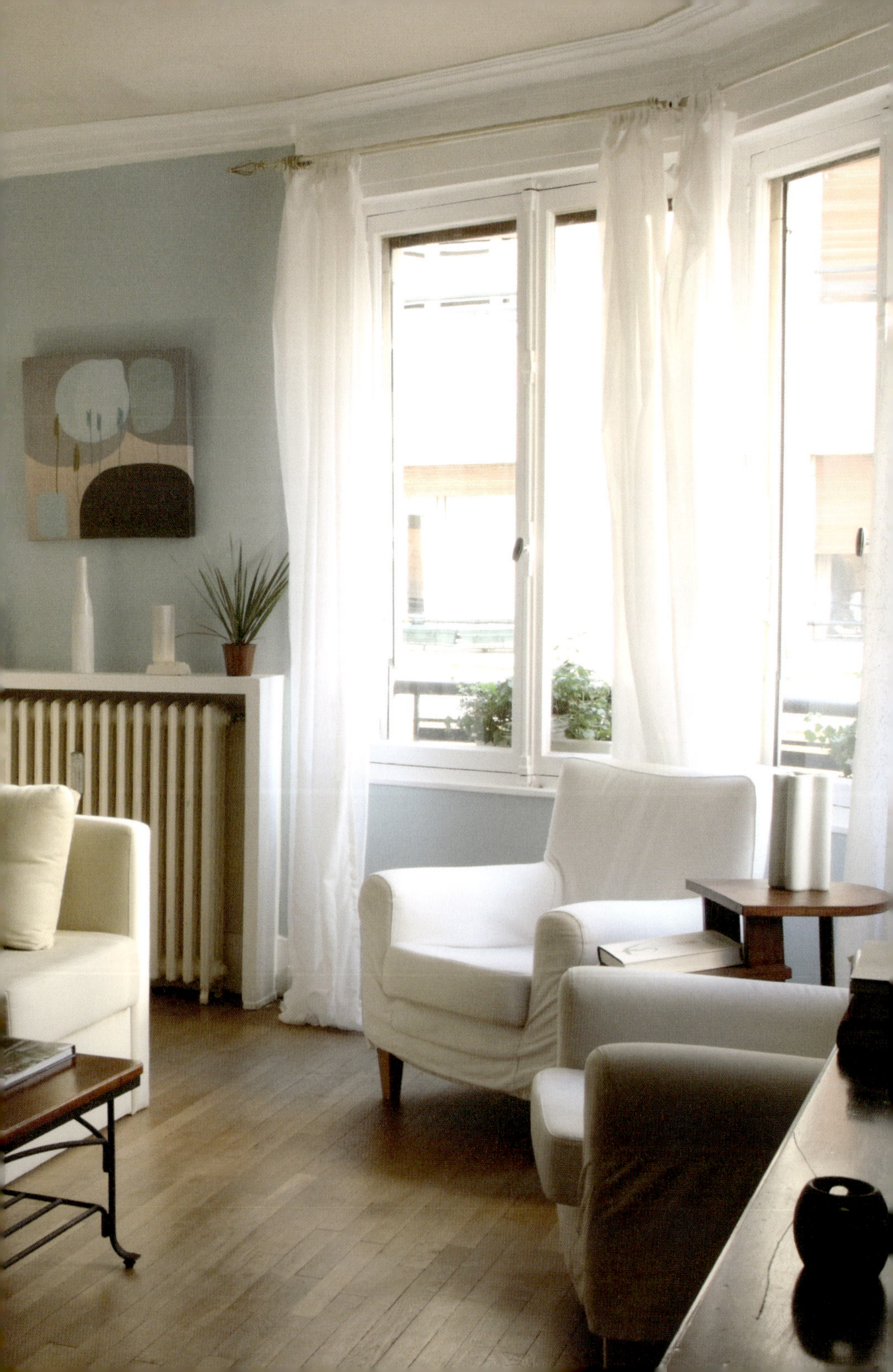

# VEGAN

料理を作るのはマダムのデボラさんと娘のカロリーヌさん。宿泊客でなくても予約をすれば頂くことができ、食事のために訪れる人も多い。ある日のサンデー・ブランチはカレー風味のブルガー、焼きリンゴ、ミニ・トマトのソテー、他に旬の野菜や豆腐を使った一品、コンポートやフレンチ・トーストも並びボリューム満点。食事制限が必要な方へも可能な限り対応してくれる。

客室は1部屋。部屋には果物やナッツ類が置かれ、シャンプーや石鹸などのアメニティはナチュラル素材。
ブランチやディナーは他のゲストと一緒にテーブルにつくテーブル・ドット（相席）スタイル。オーナー一家はとてもフレンドリー。何か質問があれば、遠慮せずに聞いてみて。

## 10 オゥ・スリール・ドゥ・モンマルトル
# Au sourire de montmartre

18区にあるモロッコ・スタイルのシャンブル・ドット。パリの下町を感じさせてくれる建物で、1階から最上階までが宿になっているというゲストハウス風のつくり。Sourireとはスマイル・微笑みのこと。ホテルのような豪華さはないけれど、アットホーム＆エキゾチックな雰囲気が魅力的。旅慣れた人やバックパッカーはより楽しめるはず。

客室（4部屋）は小さめ、照明も暗いけれど、それがモロッコの雰囲気を
さらに感じさせてくれる。大きなバス付きの部屋、ハマムがある部屋も。
それぞれパソコンと電話が設置され、自由に使えるのも嬉しい。中心地からは
少し離れた場所。モンマルトルまではメトロで2駅。
周辺には商店街もあり、パリのリアルな下町を覗いてみるのも楽しみのひとつ。

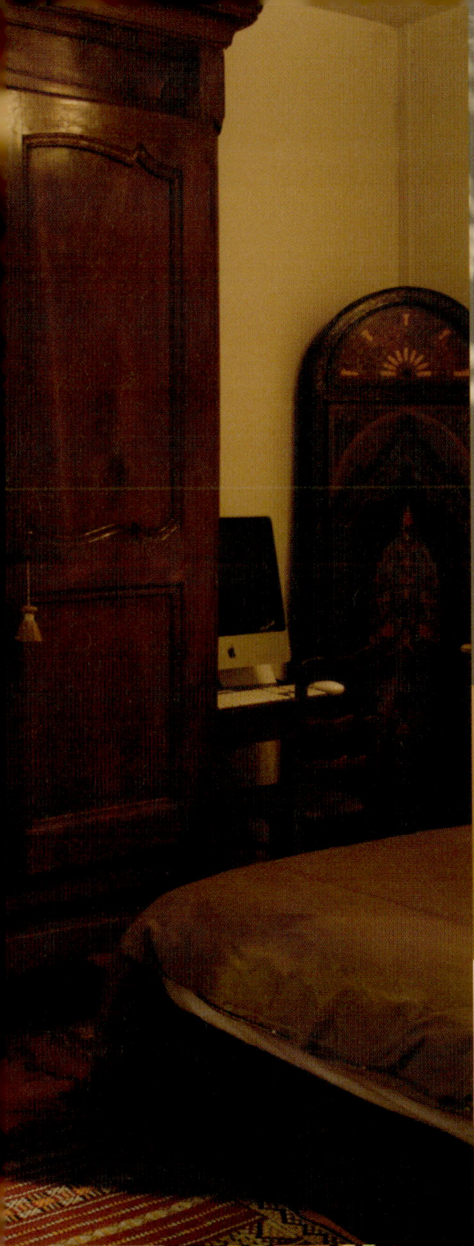
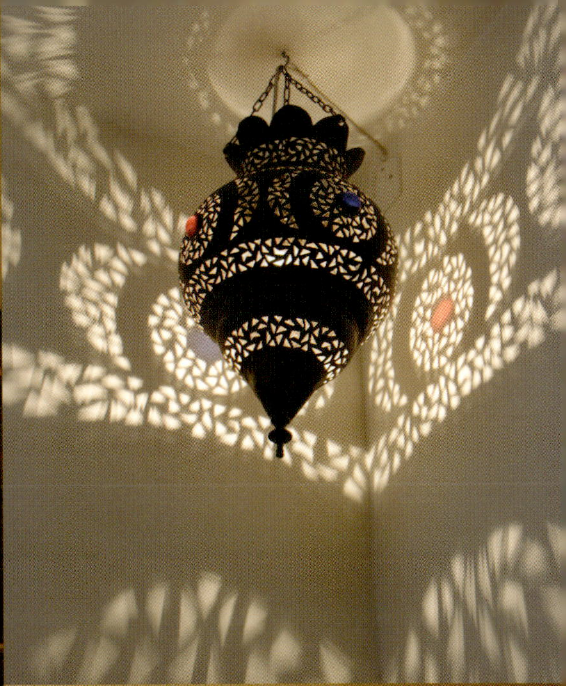
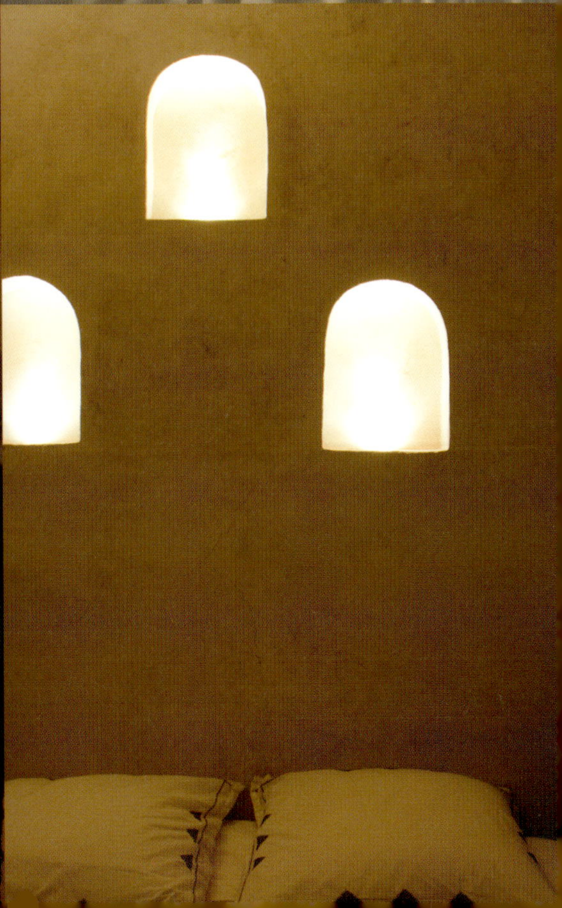
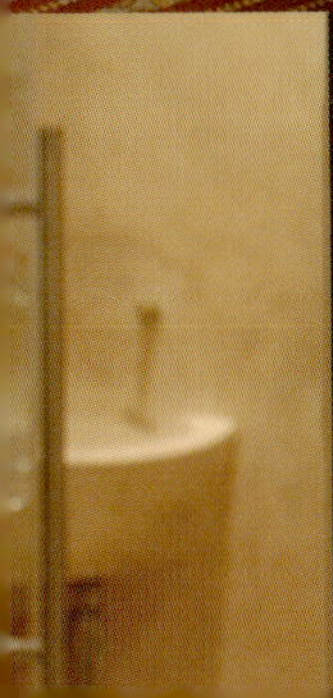
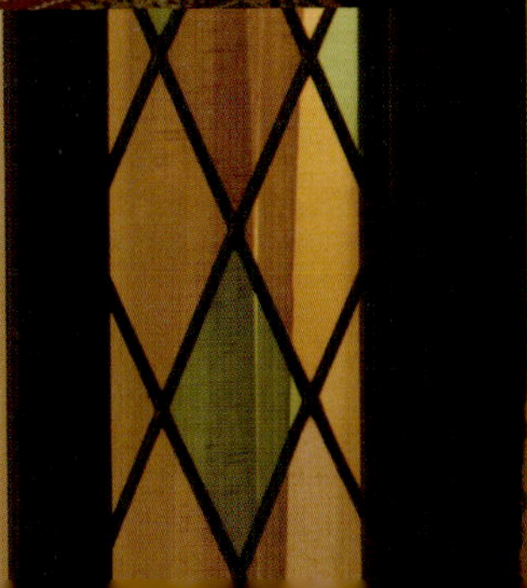

11 シェ・ジャン - ミッシェル

# Chez jean-michel

20区のガンベッタにあるシャンブル・ドット。テレビドラマにも使われたモダンな家で中庭に面したダイニングでは、料理教室やプライベート・レストランが開かれている。滞在中は夕食をオーダーすることも可能。朝食には手作りのジャムや焼き菓子も並ぶ。
客室（1部屋）は2階にあり、日当たりもよく明るい。パリの中心地ではないけれど、オペラやレピュブリックまでメトロ1本で行ける。

AMSTEL
BIERE
COUNTRY BAR
AMSTEL
COUNTRY BAR

RUE
JULES
SIEGFRIED
RUE
IRÉNÉE
BLANC

ガンベッタは昔から映画関係者やアーティストが多く住んでいるところ。下町風の通りにセンスの良いショップがあったり、その向かいには映画でよく使われる地味なカフェ、近くにはカンパーニュ・ア・パリと呼ばれる一軒家が連なる区域もある。いつも、ゆっくりと時間が流れている。

## 12  B&B  グノ

# B&B Guenot

12区はかつて職人さんの工房が集まっていたところ。この家は印刷の工房だったところをリノベーションしたもので緑に溢れた中庭がご自慢。ダイニングには光がふんだんに入ってくる。室内のコンクリートの無機質な感じと、ナチュラル×モダンなインテリアは、国内をはじめヨーロッパの旅行者に人気がある。

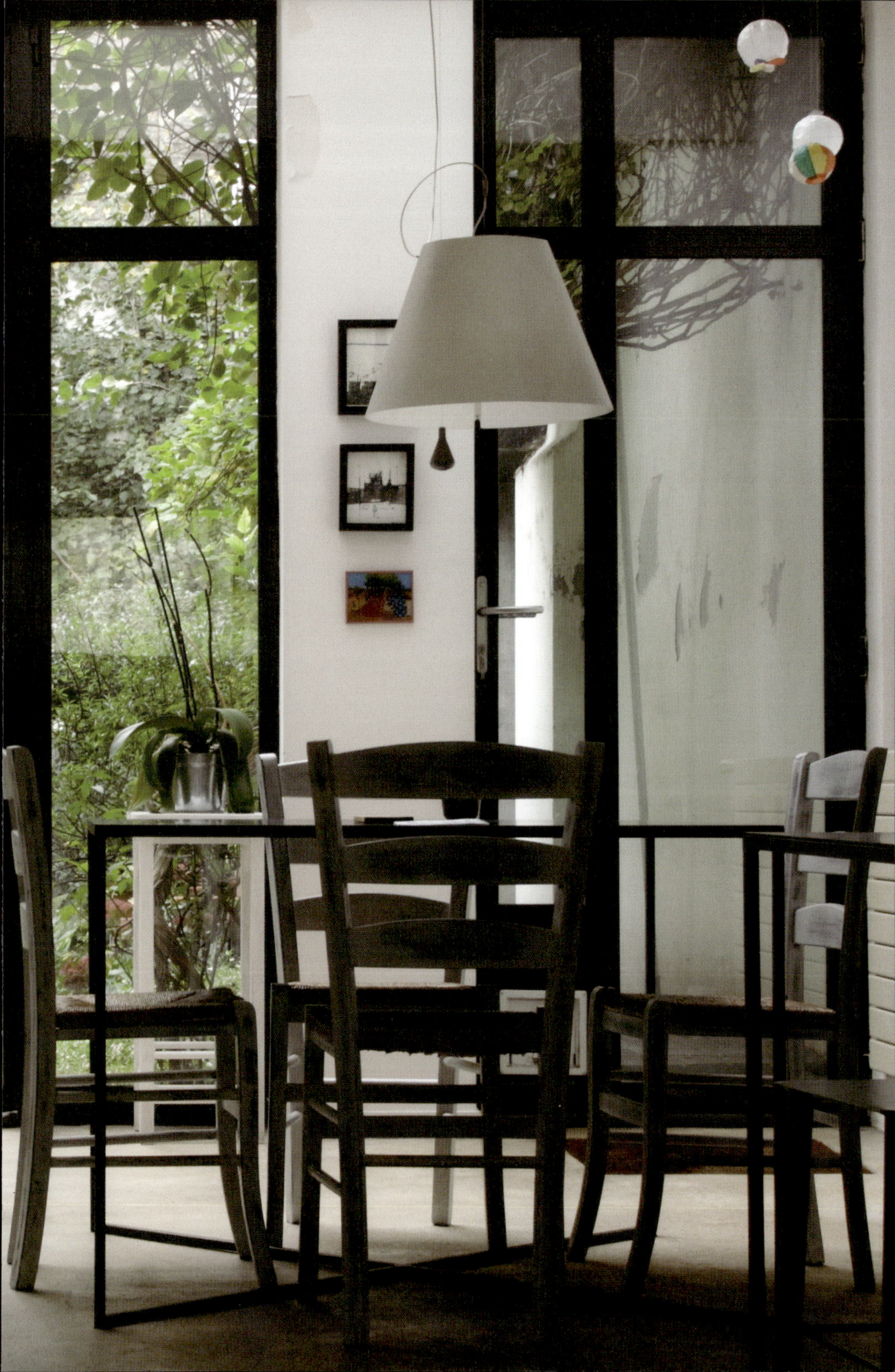

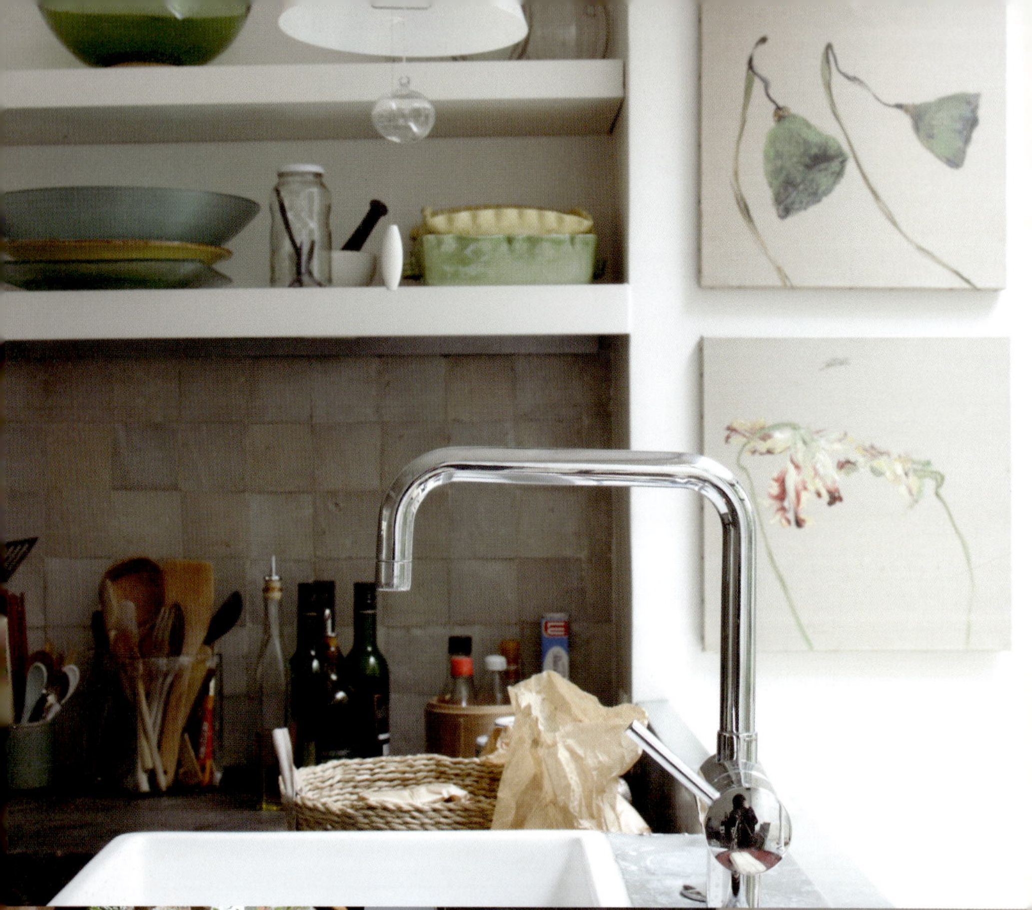

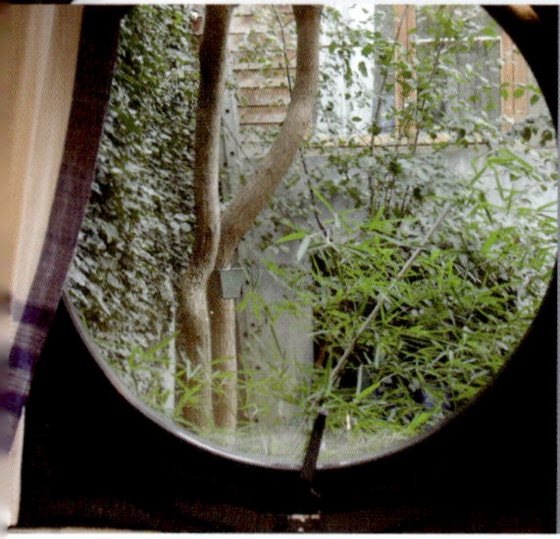

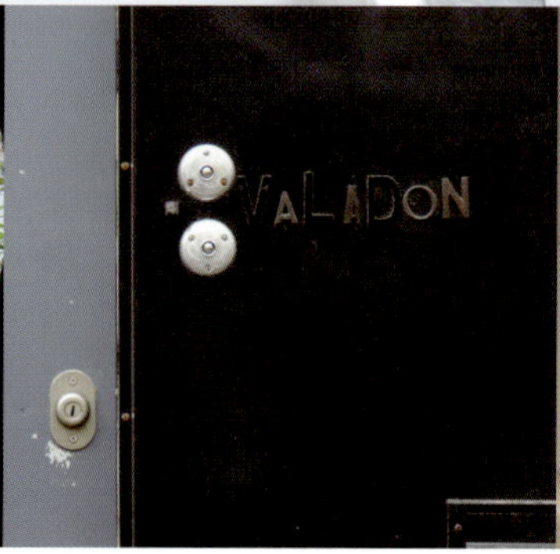
VALADON

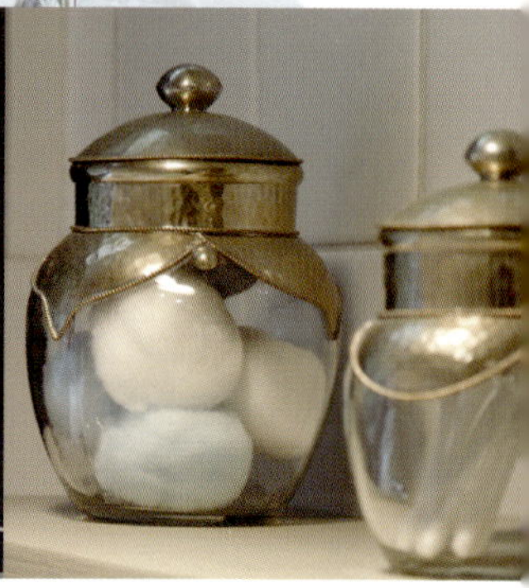

シンプルな食器や雑貨、丸い窓のバスルーム、玄関のドアなど、
クラシカルなパリのイメージとは異なり近代的なスタイル。
フランスでは太陽の光は尊いもので、窓の大きさや日当たりは
重要なポイント。
中庭にはテラスが用意され、初夏から一番美しい空間となる。

客室は1部屋。サロンとスライド式のドアで区切られている。
最寄駅はル・デ・ブレ。ナシオンからは徒歩で10分ほど。シャンブル・ドットの良いところは
ゲストとオーナーの距離が近いこと。レストランの予約などお願いしてみて。

## 13 シス・マンデル
# 6 mandel

かつてクリスチャン・ディオールとそのパートナーが所有していたオテル・パティキュリエ。トロカデロ広場にほど近く、庭からはエッフェル塔が見える。16区という場所柄か辺りも品のよい雰囲気。
ラグジュアリーなシャンブル・ドットとしてファッション関係者に人気がある。

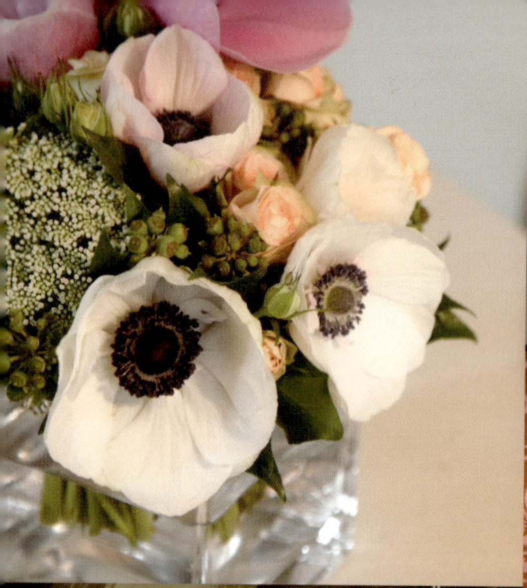
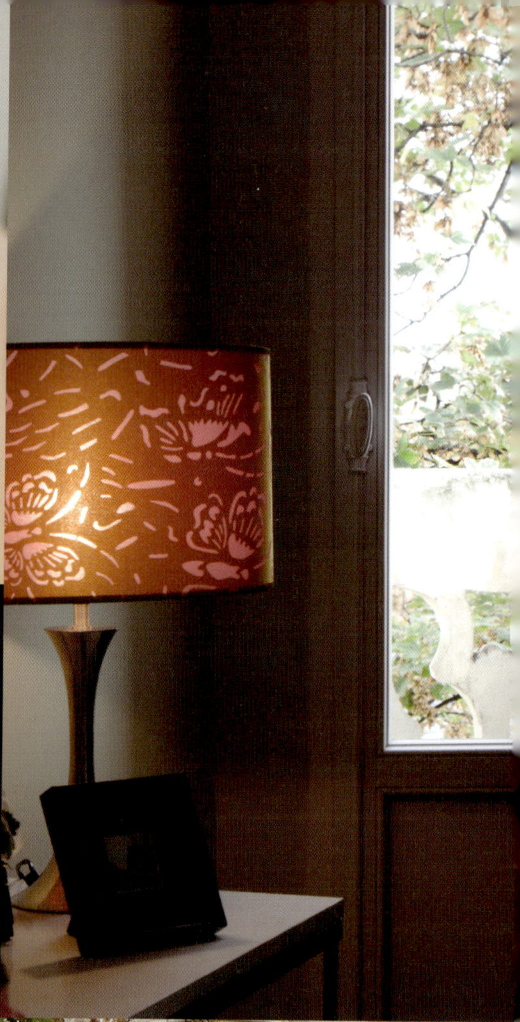
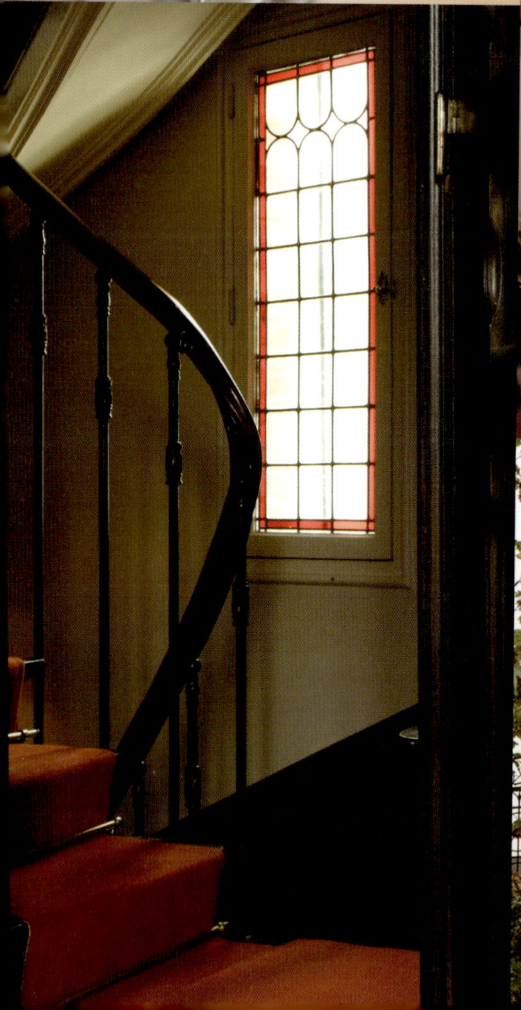
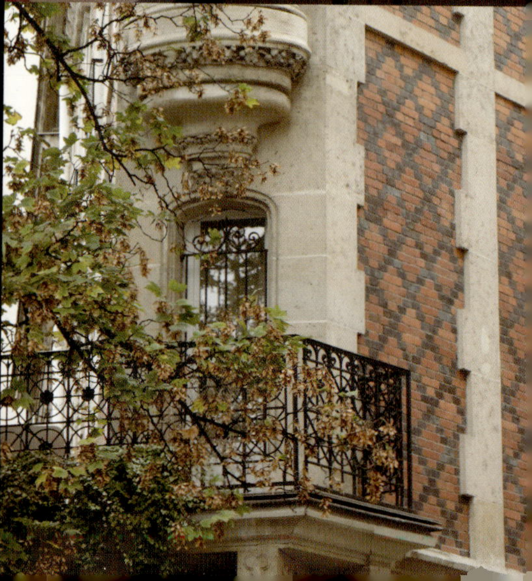

1883年に邸宅として建てられたもので細いらせん階段は当時のまま。建物の2階にアートギャラリー、3階が客室（1部屋）、その他、フレンチ、レバノン、日本料理の教室やフラワー＆テーブル・スタイリストによるレッスンも行われている。庭には大きなソファがあり、晴れた日は外で朝食（有料）を。トロカデロ広場にあるサロン・ド・テ「カレット」のパンや焼き菓子を用意してくれる。

# Column 2.

## 建物と部屋
### Appartement & Chambre

この本で紹介する28軒すべての部屋はダブルベッドが基本。ツインはないので友達との旅行では2部屋の予約を入れたり、補助ベッドのリクエストを出しておくことがお勧め。代金はすべて1部屋の値段。もちろん2人で泊まれば安く、1人の場合は割高だけれど、少し安く設定しているところも。部屋の階下はほとんどが一般の家庭なので室内ではルームシューズに履き替えたり、夜遅くの荷造りは避けたりと、ちょっとした注意も必要。また、パリのアパルトマンは映画に出てくるような古いエレベーターが多く、定員は2、3人まで。フロアーの数え方も違うので気をつけて。RCとは日本の1階のこと。外出時、エレベーターに乗ったらRCのボタンを押して玄関へ。

### コード番号を忘れないで
アパルトマンに入るにはコード番号が必要。外出時は必ずメモに控えておこう。建物は2重ロックのところが多く、番号を押して中へ入ると、次は内部へ入る扉がある。インターフォンを押して内部から開けてもらう。または、鍵で外から開けるところも。

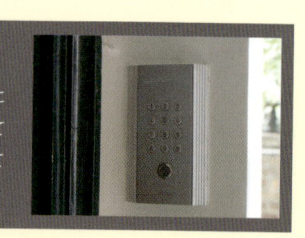

14　ア・ルーム・イン・パリ

A room
in paris

大きな扉を開くと、そこには高い天井、そして板の床（意外に少ない）。ここはイメージするパリのアパルトマン。インテリアも凝り過ぎない程度にまとめられ、「家」の雰囲気を味わえる。パリジャンのお宅にお邪魔する、そんな感じ。

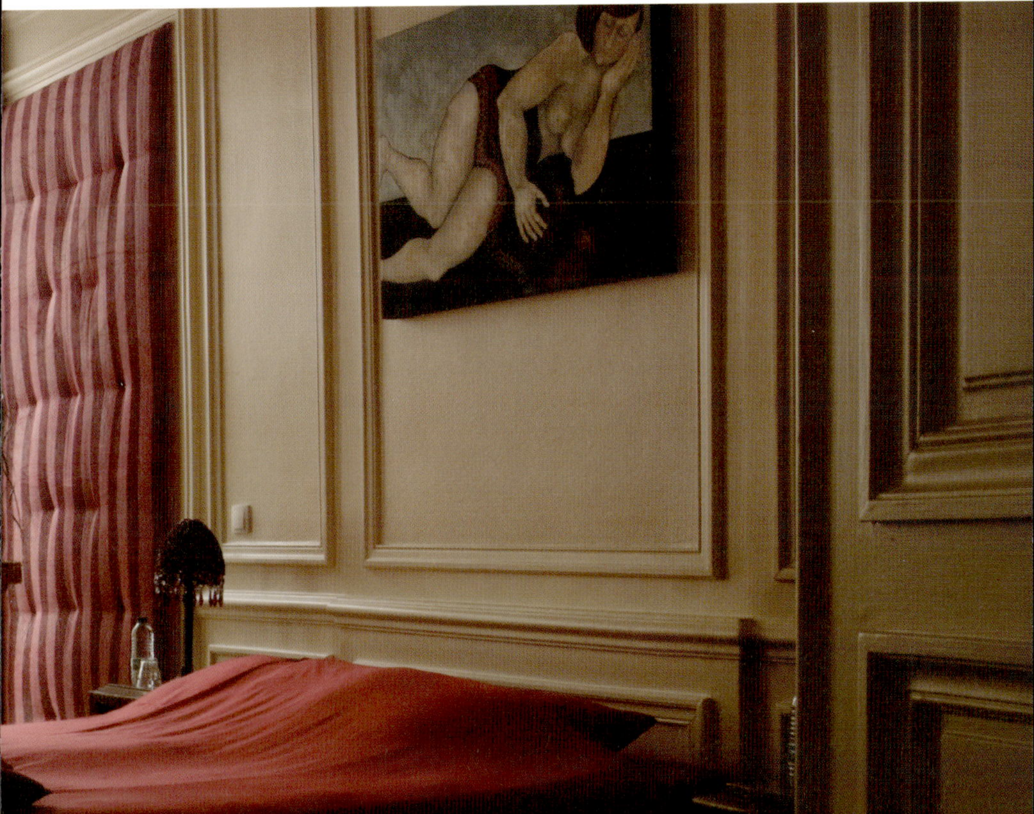

客室は3部屋。ゲスト用に部屋を改築しているわけではないので、バス・トイレは共同。朝食はボリュームがあり、手作りの焼き菓子が登場することも。銀の食器でゆっくりと楽しんで。場所は北駅（国際列車のユーロスター、タリスが発着）の正面出口から約100メートルのところ。

Le Tumulte Noir.
Joséphine

15 ラ・ヴィラ・パリ

# La villa
# paris

13区にあるメゾン・ドット、一軒家のB&B。客室は4部屋。1階はアンティーク風の家具が置かれたナチュラルなスタイル。2階の部屋にはスタイリッシュなデザイン・ホテルを思わせるインテリア。アパルトマンとは雰囲気も異なり、観光から戻ってくると思わず「ただいま」と言って玄関を開けてしまいそう。

COURS DES
MAISON MHAYA
Tel. 01.45.80.41.41 - 06.30.43.90.33

La Villa Paris

13区といえば中華街が有名だけれど、ビュット・オ・カイユ、モンスリ公園など、地元のパリジェンヌに愛されている場所がある。周辺には一軒家が立ち並び、その気さくな雰囲気が魅力的。サロンにはマダムが作ったオリジナル・マップが置かれている。是非、辺りを散策してみて。

16　パリ・オアシス
# Paris oasis

アパルトマン全体が宿になっているゲストハウス風のつくり。
客室は5部屋。シンプルだけれど、各部屋はキッチン付きで長めの
滞在には嬉しい。サロンの横には室内プールがあり24時間利用
できる。その他、小さな中庭もあり、ちょっとくつろぐには心地よい、
まさに、パリのオアシス。場所はモンマルトルのサクレクール寺院
から徒歩で2、3分、生地屋が並ぶ通りから少し入ったところ。

# Column 3.

## こんな宿もあります
Autre chambres d'hôtes

### Museumotel
ミュゼオモーテル

フランスには様々なスタイルのシャンブル・ドットや宿がある。街中だけでなく、広大な大地にぽつんと立つデザイナーズハウスの宿、二階建てバスや馬車を使ったキャンプ場・・・。それぞれユニークな発想でこんな面白い宿に泊まりながらフランスを周遊するのもいいかも、と思えるような場所。このロレーヌ地方にある風変わりなモーテルもそのひとつ。1968年にオープンしたという、まぁまぁ歴史のあるところ。初代オーナーが雑誌「ELLE」で建築家・Pascal Haüsermannの記事を読み、その建築に惹かれ、すぐに連絡を取ったのがはじまり。それから２年後にパスカルの設計によってモーテルが完成。テーマはユートピア×夢想的。卵型の客室が点在する、ちょっと不思議な空間。

www.museumotel.com

### Les cabanes du menoy
レ・カバン・デュ・ムノワ

もうひとつはアキテーヌ地方にあるツリーハウス。木の上に作られた家はトイレ・バス付。朝、木の下に朝食のバスケットが置かれるので、ゲストはそれを、専用の滑車で引き上げる。中にはコーヒーや紅茶、フルーツジュースなどのドリンク類、自家製ジャム、バゲット、ヴィエノワズリ、ヨーグルトや果物。都会の喧騒から離れ、静かな森でヴァカンスを楽しんでみては。

www.lescabanesdumenoy.com

## 17 ベッド＆ベージュ
# Bed & Beige

パリから25km、リナの街にあるシャンブル・ドット。田舎風の建物で大きな庭付きの家。手作りのビオのパン、自家製コンフィチュールが味わえる。ビオ＆ナチュラル好きの旅行者にはたまらないところ。小さな街で見どころはないけれど、パリからバスに揺られて訪ねてみるのも面白いかもしれない。

客室は3部屋(うち2部屋はバリアフリー)。古い家を生かした手作り感のある家具やアンティークの雑貨が魅力的。ゲストが使える共同の簡易キッチンも完備されている。リナの街へはパリのポルト・ドルレアンから30分に1本、バスが出ている。車で旅行をする際に泊まってみるのもお勧め。

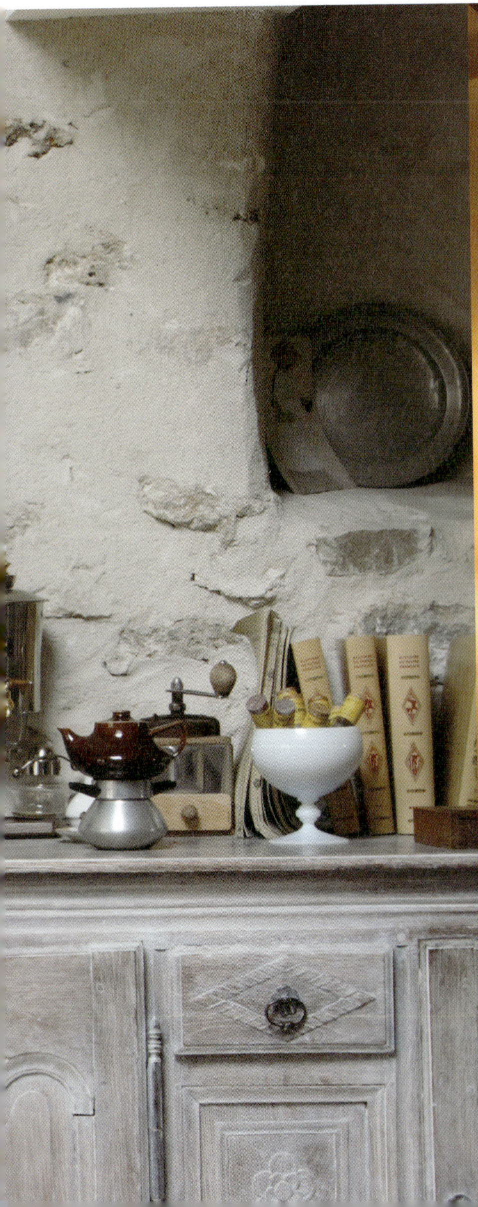
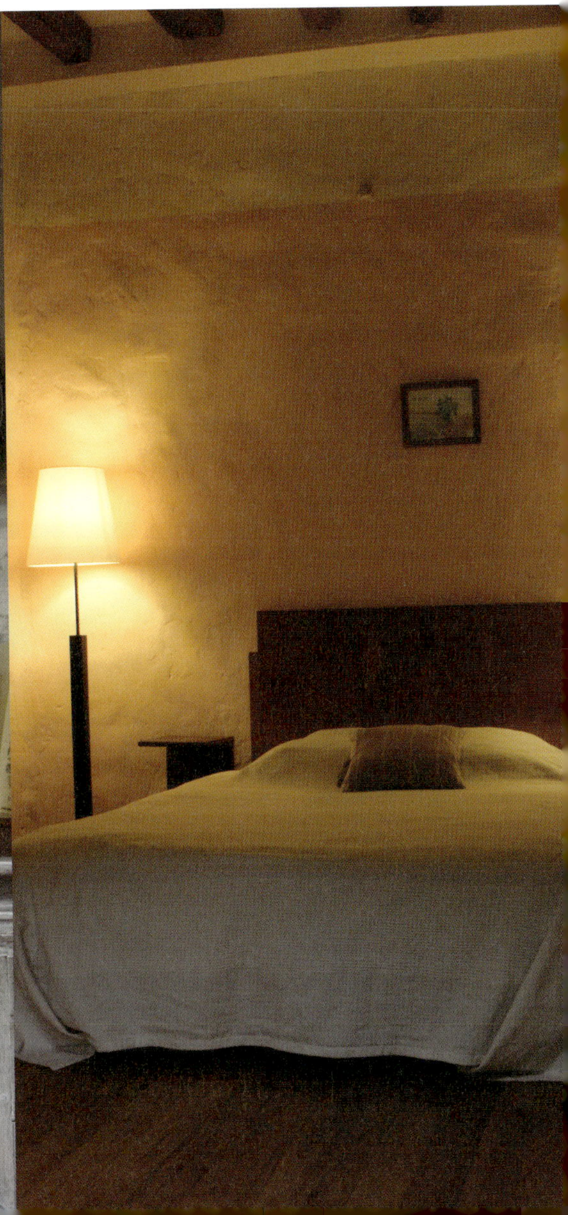

Bed and Beige
Quetsches août 2009
www.chambrehotes.fr

29
POUR SONNER
TOURNEZ
LA POIGNEE

朝食には野菜とフルーツのミックスジュースをはじめ、手作りの焼き菓子、フルーツサラダ、ヴィエノワズリのプレート、自家製のパンなどボリューム満点。旬のフルーツを使ったジャムは購入することもできる。サンルーム付きの部屋もあり、初夏からは庭の花も満開で美しい。手入れされた庭園ではなく、自然のままの庭も何だか魅力的。

18　シェ・クレール

# Chez claire
/ Meeting the french

パリのシャンブル・ドットを紹介するMeeting the frenchがお勧めする8区にあるアパルトマン。マルゼルブ大通りに面した19世紀のクラシカルな建物。ピアノが置かれた広いサロン、部屋のインテリアをはじめ、ここはゲスト向けに整えられたものではなく、ありのままのパリの家。ホームステイのような気分で滞在できる。

客室は1部屋。サロンにはエレガントな家具や小物も。最寄駅はサン・オーギュスト。オスマン通りにあるギャラリー・ラファイエットやプランタンまで徒歩で約15分。観光をはじめ、パリについての質問があればマダムに尋ねてみて。

19 テルマ・ロフト

# Thermas loft

地下に温水プールが設けられている貸しロフト。場所は3区、パリの中でも古い地区に位置し、プールの壁は16世紀のまま。ここは、かつてエスカルゴを扱う工房だった建物をロフトに改装したもの。プールは24時間利用可能。洞窟のような神秘的なプールで旅の疲れを癒すのもいいかもしれない。

ロフトのつくりは1階にキッチン&ダイニング、地下に寝室とプール。ソファベッドが2つあり、最大5〜6名まで泊まることができる。カップルまたは家族での利用に向いている。最寄駅はアール・ゼ・メティエ。ポンピドゥ・センターまで徒歩で10分ほど。周辺には中華系のレストランや商店が多く並んでいる。

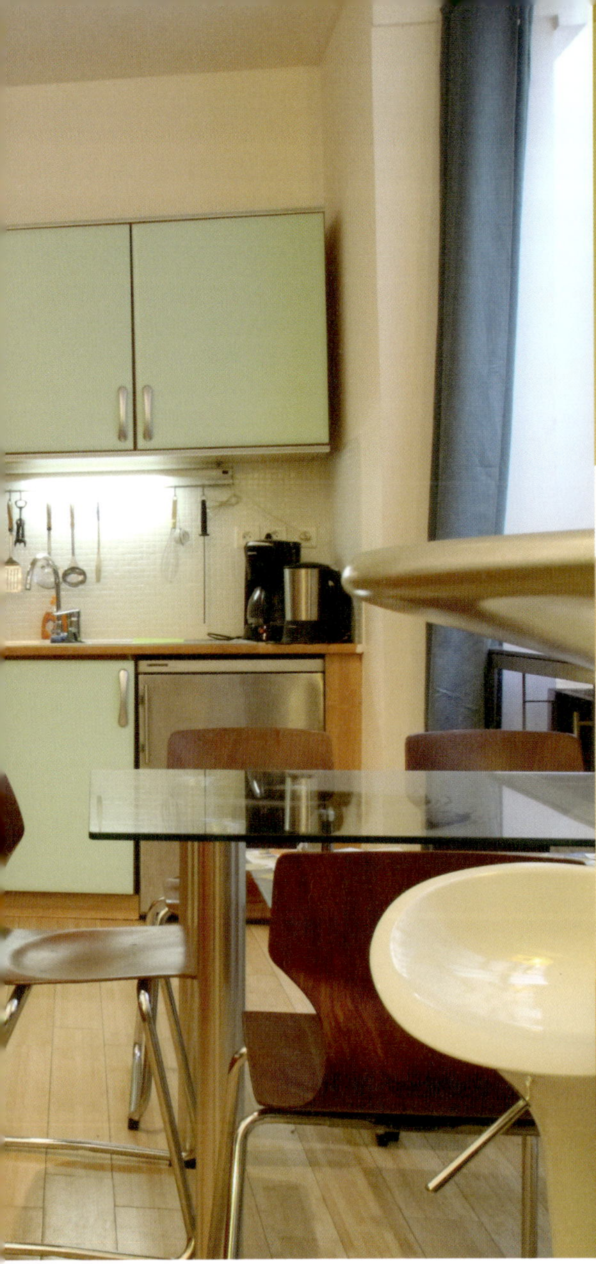

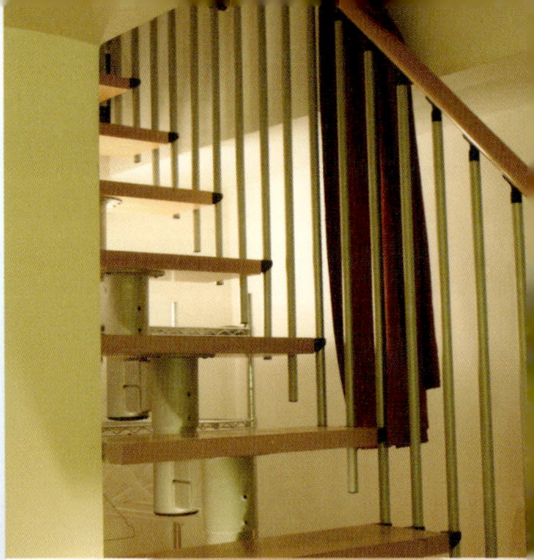

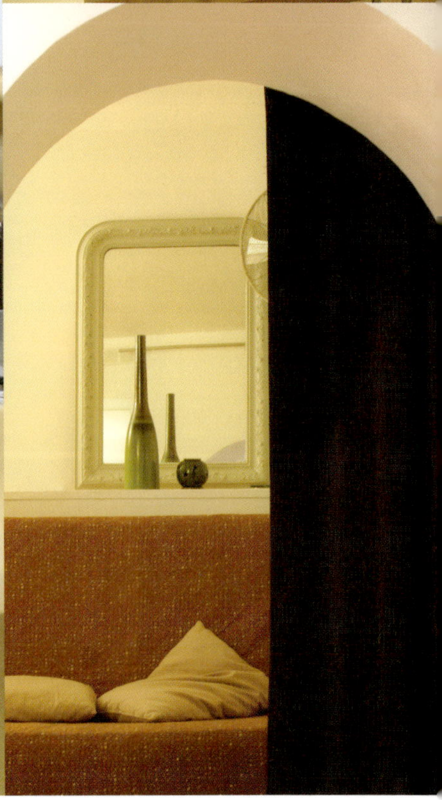

20 ヴィラ・カリオカ

# Villa carioca

パリ郊外のメゾン・ラフィットにあるオテル・パティキュリエのシャンブル・ドット。1862年に建てられた邸宅で、3階建ての大きな家に広い庭のある、お城のような家。室内はクラシカルな外観とは異なり、サロンはオリエンタルなインテリア、ダイニングはちょっとトロピカルなテイストにアレンジされている。

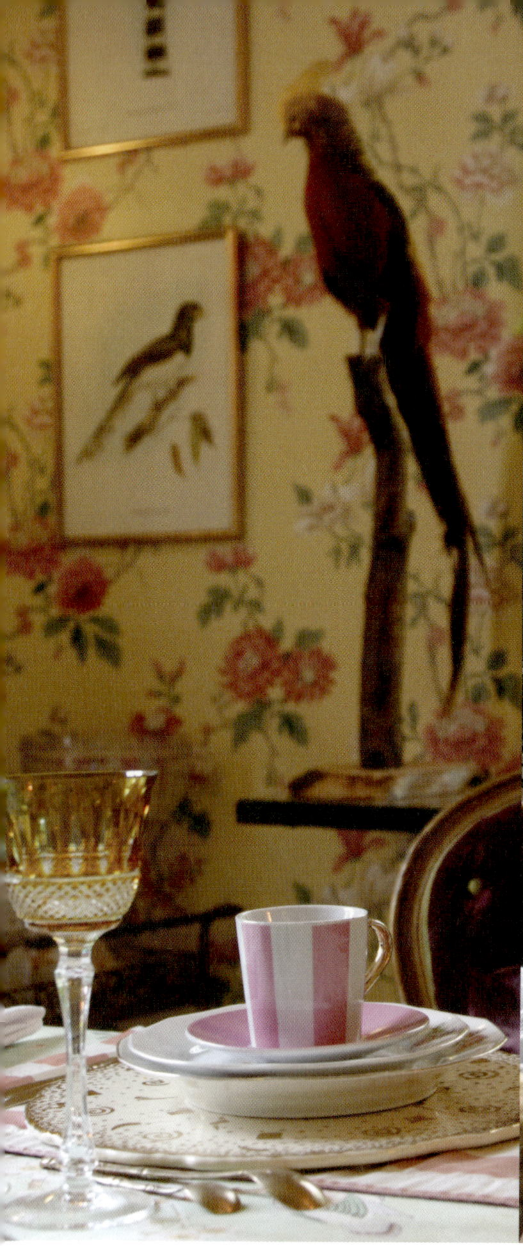

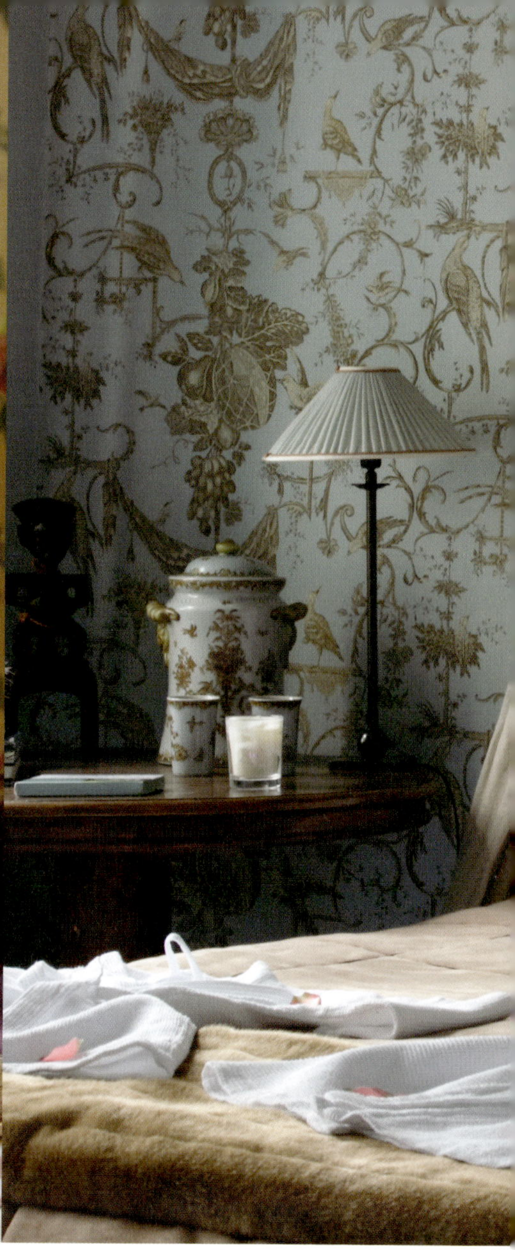

客室（2部屋）はブルーが基調のイパネマ、それにコパカバーナ。
宿名のカリオカをはじめブラジルがテーマかと思いきや、客室は
クラシカルなスタイル。
閑静な住宅地にあるので、街路樹を眺めながら散歩をしたり、庭の
ベンチで本を読んだりと市内とは違った楽しみ方で滞在してみて。

メゾン・ラフィットへはパリのオーベール駅（オペラ）からRER・A線で３０分ほど。
馬の街として知られ、ゴルフやテニスなどアクティビティも楽しめる。

## 21 パーフェクト・パリ・レンタル

# Perfect paris rental

バスティーユ広場に隣接した小さなパサージュ内にある貸しステュディオ。シンプルだけれど洗練されたインテリア、部屋には燦々と降り注ぐ太陽の光。キッチンも広く、このまま長期滞在したくなる。部屋は3階にあり、階下にはオフィスやギャラリー、向かいには古いコーヒーの店。パリの日常を感じながら生活できる、そんなところ。

**IMPORTANT:**

Raise shade COMPLETELY before opening window.

CLOSE window before lowering shade.

若者で賑わうバスティーユ広場から一歩、パサージュへ入ると、
そこは落ち着いた大人の空間。石畳が続き、緑に溢れている。
部屋は建築家であるオーナーがリノベーションしたもの。

22　ザ・ボックス・イン・パリ

# The box
# in paris

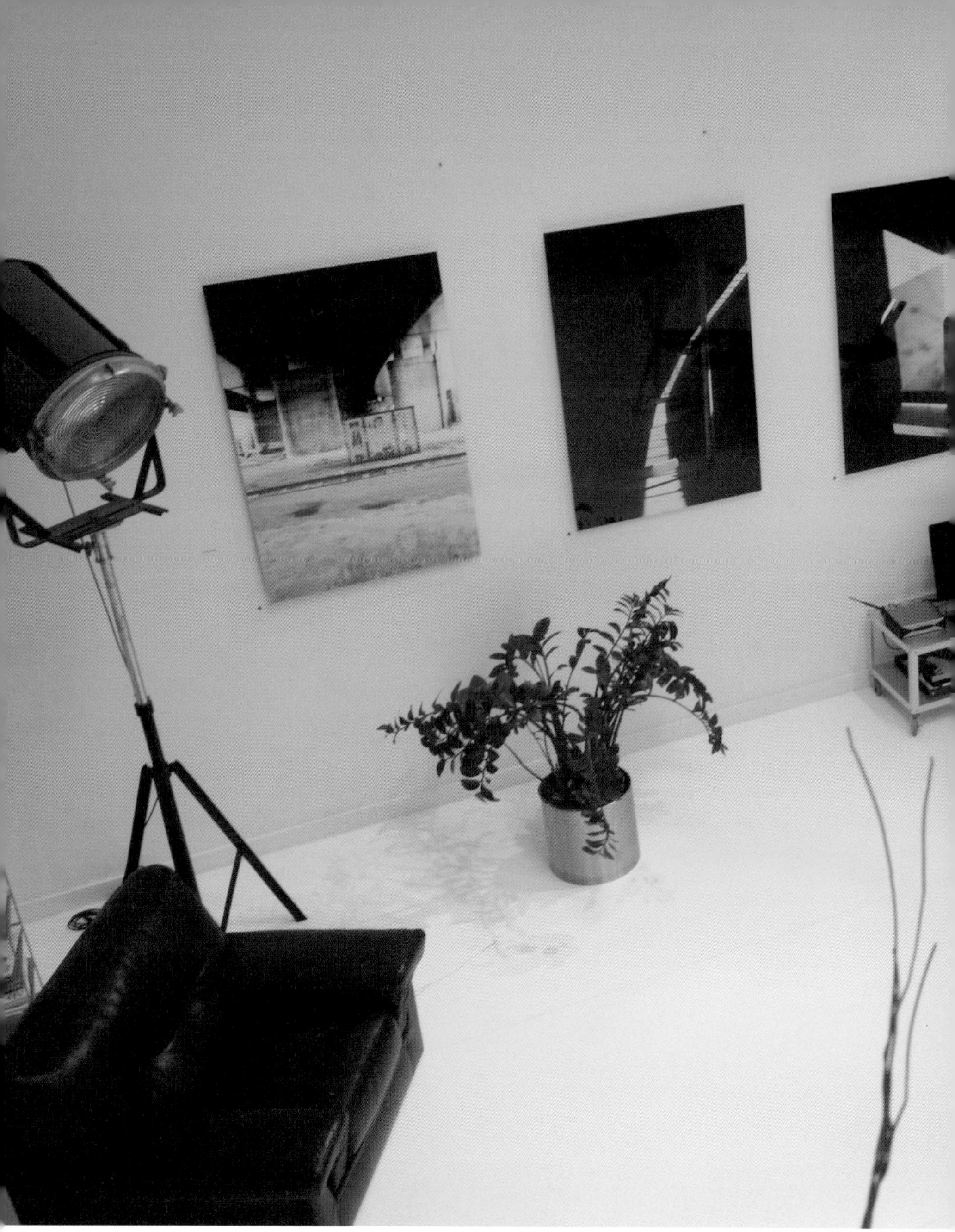

自宅をギャラリーとして公開しているMaison d'art。サロンでは年間を通してエクスポジションが行われている。ギャラリーの他、客室が2部屋あり、アートと旅が融合している場所でもある。
(写真展：David COUSIN-MARSY)

部屋は白を基調としたホワイト・ボックスと黒が基調のブラック・ボックス。白は路上に面した地上階に、黒はギャラリーの2階にある。場所は18区のピガール駅からすぐの小路を入ったところ。サロンでは他に料理のイベントも行われている。アートの新しいスタイルや可能性を感じられるかもしれない。

# Column 4.

## 晩ごはん
### Dîner

　パリに1週間も滞在すれば、フレンチもだんだん飽きてくる、だからと言って日本食は気が乗らないし・・・でも、やっぱり外で何か食べたい。そんな時は基本に戻って、超ベーシックなメニューを参考にしてみて。まずはベトナム料理。フォーやボブン、一皿にごはんとおかずの乗ったCOM～は軽く食べられてお勧め。次はムール貝。手っ取り早いのは専門店のレオンへ行くこと。ちょっとチープなファミレス風の店内だけれど、ココットで出てくるムール貝は話のネタとしても一度チェックしておくべし。そしてカフェではタルタル・ステーキを。これは牛の生肉のステーキで付け合わせにはフライドポテトが定番。どれも、特別なものではないけれど、意外にファンが多く、滞在中に一度は押さえておきたい一品。自炊の場合はスーパーや専門店へ。お惣菜など量り売りの時は「二人分」と人数を伝えると、適量を盛ってくれますよ。

**おすすめ**
ムール貝ならココ　　Léon De Bruxelles／シャンゼリゼ、オペラ座周辺にある。www.leon-de-bruxelles.fr [1]
フォーならココ　　Pho14／129 av Choisy 75013 PARIS [2]
ベトナムごはんならココ　　Hawai／87 av Ivry 75013 PARIS
Monoprix／品揃え豊富で買い物しやすい。www.monoprix.fr／ [3]

23 ラトリエ・デ・ボザール

# L'Atelier des beaux-arts

かつてアーティストの溜まり場として栄えたモンパルナスには現在も美術学校や画材屋、大通りには画家や作家が集っていたカフェやブラッスリーが変わらずに残っている。ここはそんなモンパルナスにある貸しアパルトマン。部屋は高い天井を利用したメザニン・スタイルで大きなガラス窓からはたっぷり光が入ってくる。ナチュラルなインテリアで気持ちのよい空間。

ATELIER GAUGUIN & MODIGLIANI

部屋の名前はL'Atelier des beaux-arts（美術のアトリエ）。ここはかつてゴーギャンやモディリアーニがアトリエを構えていた建物。現在もエレベーターはなく、古い階段は1895年に建てられた、その時のまま。いかにもアーティストが好みそうなちょっとアンニュイな雰囲気が伝わってくる。当時、彼らがどんな毎日を送っていたか、思いを馳せてみては？

廊下は19世紀のままだけれど、部屋へ入るとそこは21世紀。インテリアにはアンティークから現代モダンな雑貨までがうまく使われている。

24 シェ・ニコラ

# Chez nicolas

モンマルトルはパリ有数の観光地。サクレクール寺院、映画の舞台となったカフェ、広場には似顔絵描きの姿。パリの代名詞のような地区であり、旅行者が一度は足を運ぶところ。土産物屋も多く、ツーリスティックだけれど、モンマルトル特有の坂道、長い階段には風情があり、他の地区にはない独特の魅力がある。

サクレクール寺院の目の前にある貸しアパルトマン。部屋はスタイリッシュな1LDKタイプ。広いキッチンとサロン、奥にはベッドルーム。2階に位置し、窓からは寺院やメリーゴーランドが見える、まさに観光地のど真ん中。メトロの駅からも近く、モンマルトルを拠点に動きたい方にはお薦めのロケーション。

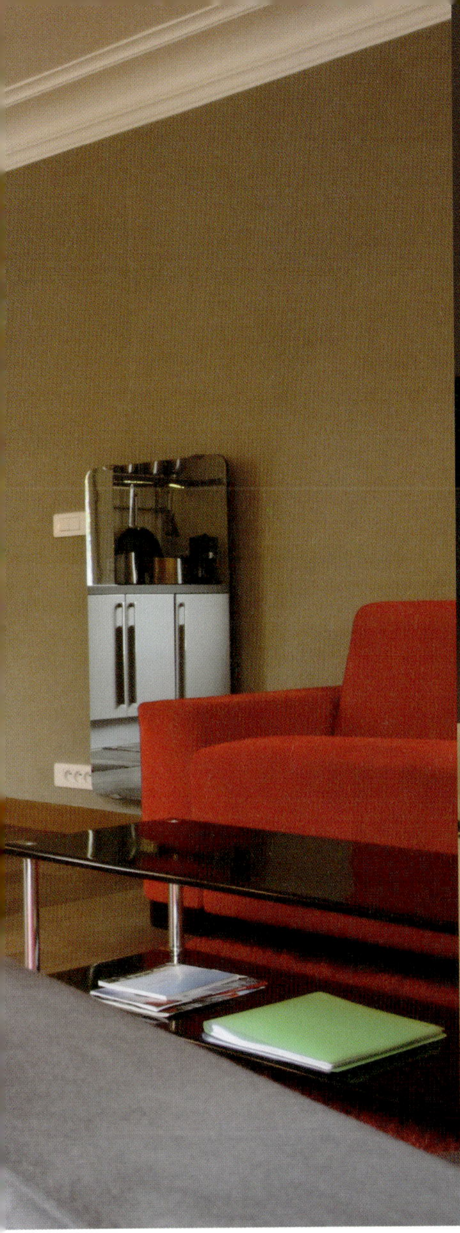

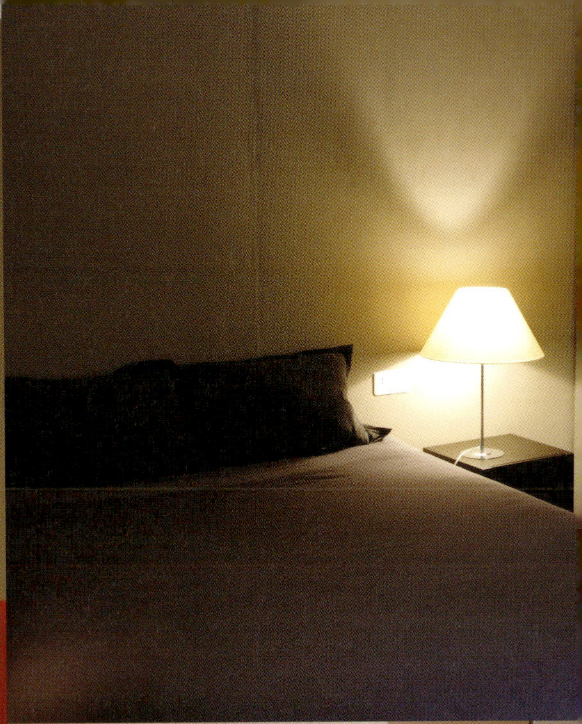

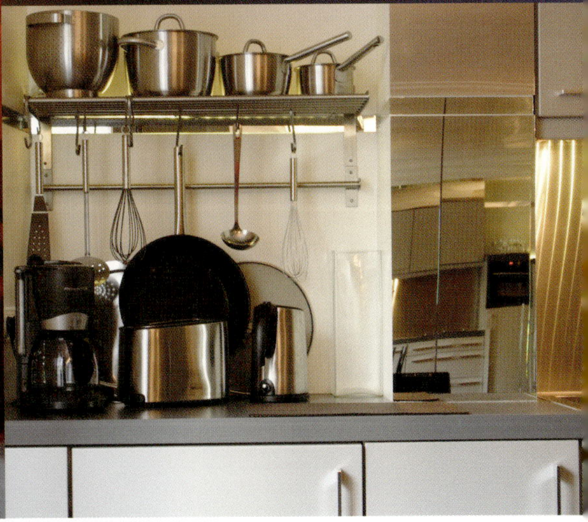

## 25　ア・ラ・ヌーヴェル・アテネ
# À la nouvelle athènes

現代モダンな家が増える中、クラシカルで落ち着いた部屋は古き良きパリのアパルトマンを感じさせてくれる。部屋のドアは昔のままの二重式。1875年に建てられたもので、現在は歴史的建造物に指定されている。

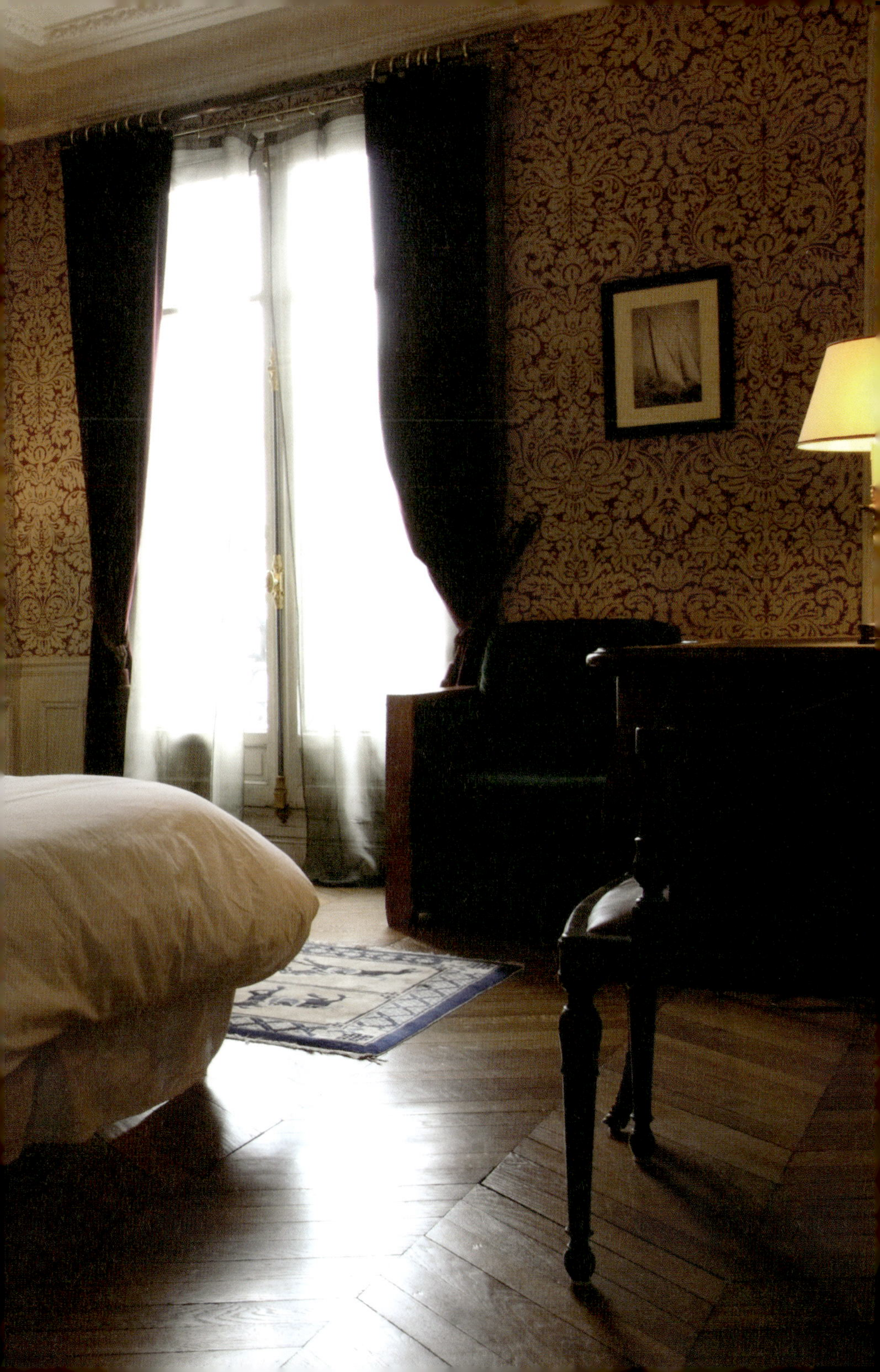

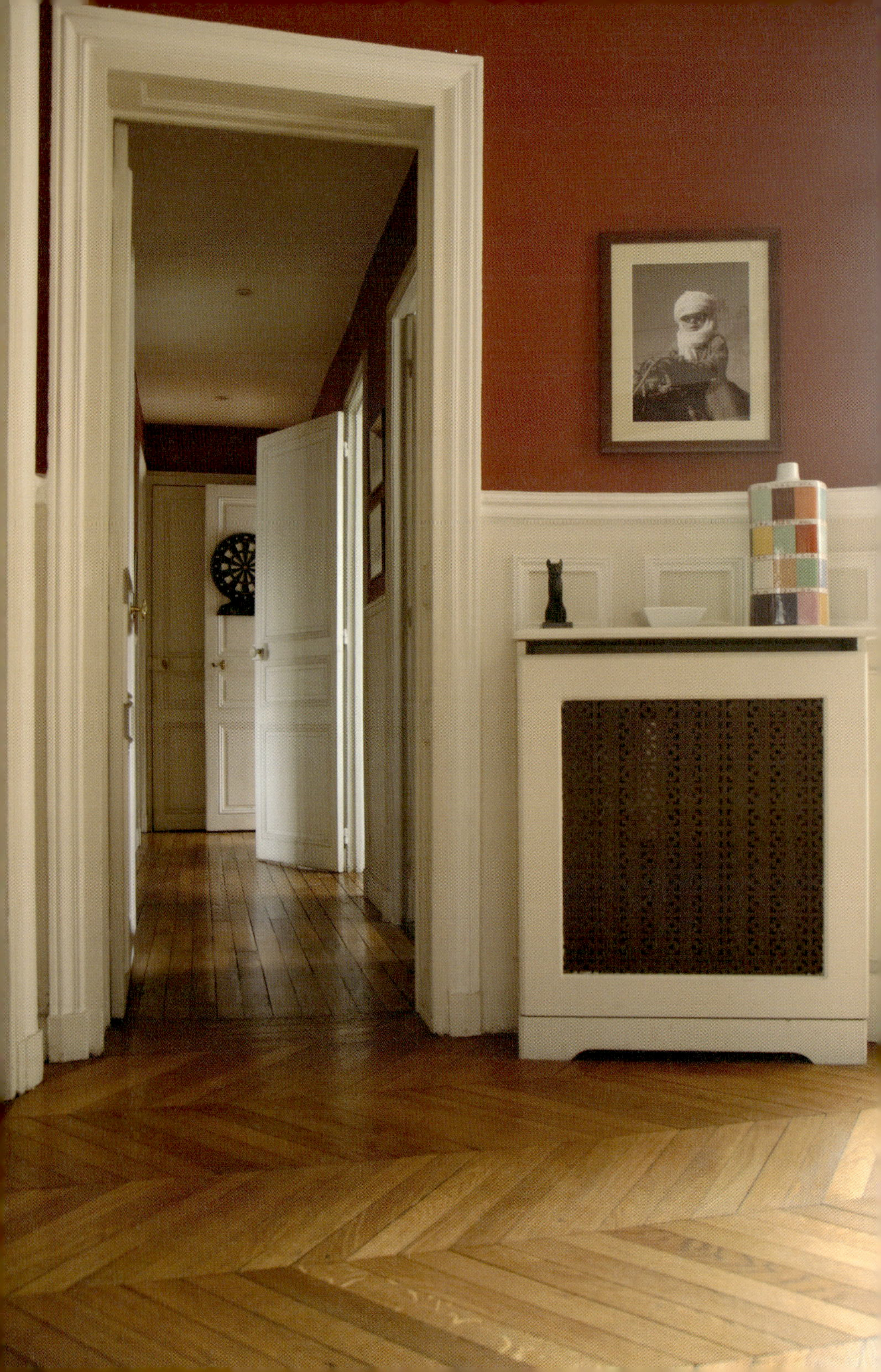

建物の最上階にある大きなアパルトマンで客室は1部屋のみ。ゲスト専用のシャワー、トイレは別に設けられている。部屋は暖炉の他、小さなテラス付き。夏は是非、テラスでくつろいでみて。

客室が1つなので、静かに過ごすことができ、1人旅の女性にお勧めの場所。

最寄駅はリエージュ。オペラ座、サン・ラザール駅、モンマルトル界隈へも歩いて行ける距離。周辺には人気のレストランも多く、旅行にはよいロケーション。マルティーユ通りなど地元で人気の場所を散策してみるのも楽しい。マダムはグルメに詳しいのでお薦めのレストランを教えてもらってみては？

# Column 5.

## フランス語
Français

### シャンブル・ドットのキーワード

- 部屋／Chambre　シャンブル
- バスルーム／Salle de bains　サル・ドゥ・バン
- 鍵／Clef　クレ
- 朝食／Petit déjeuner　プティ・デジュネ
- (とても)美味しいです／C'est (très) bon　セ・(トレ)・ボン
- Bon appétit！(ボナペティ)と言われたら Merci！と応えて

### Mémo 1

アパルトマンの廊下にLumièreとPorteと記されたボタンがある。Lumièreを押すと廊下の灯りがつき、外に出る時はPorteを押して扉を解錠します。

### Mémo 2

空港に向かうなどタクシーが必要な時はオーナーに予約の電話をお願いしましょう。

Taxi G7　www.taxisg7.fr
01.47.39.47.39
01.41.27.66.99（英語）

# Baudon du mauny

Montpellier　ボードン・デュ・モニー

モンペリエ

モンペリエの旧市街にある貴族の館。18世紀に建てられたもので、代々家族が住み続けている。オーナーは現在、7代目。客室は5部屋あり、それぞれ大きさもデザインも異なるつくり。写真は広い部屋と高い天井が特徴のシャンブル・ジプスリー。建物内には貸しアパルトマンもあり長期滞在や家族旅行、ビジネス・トリップにも対応している。

客室をはじめ、サロンやダイニングも18世紀の建物にモダンなインテリアを組み合わせたもの。パピヨン（蝶）の部屋は小さめでデザイン・ホテルのような内装。床が板ではなく石のまま、というのがより古い館を感じさせてくれる。

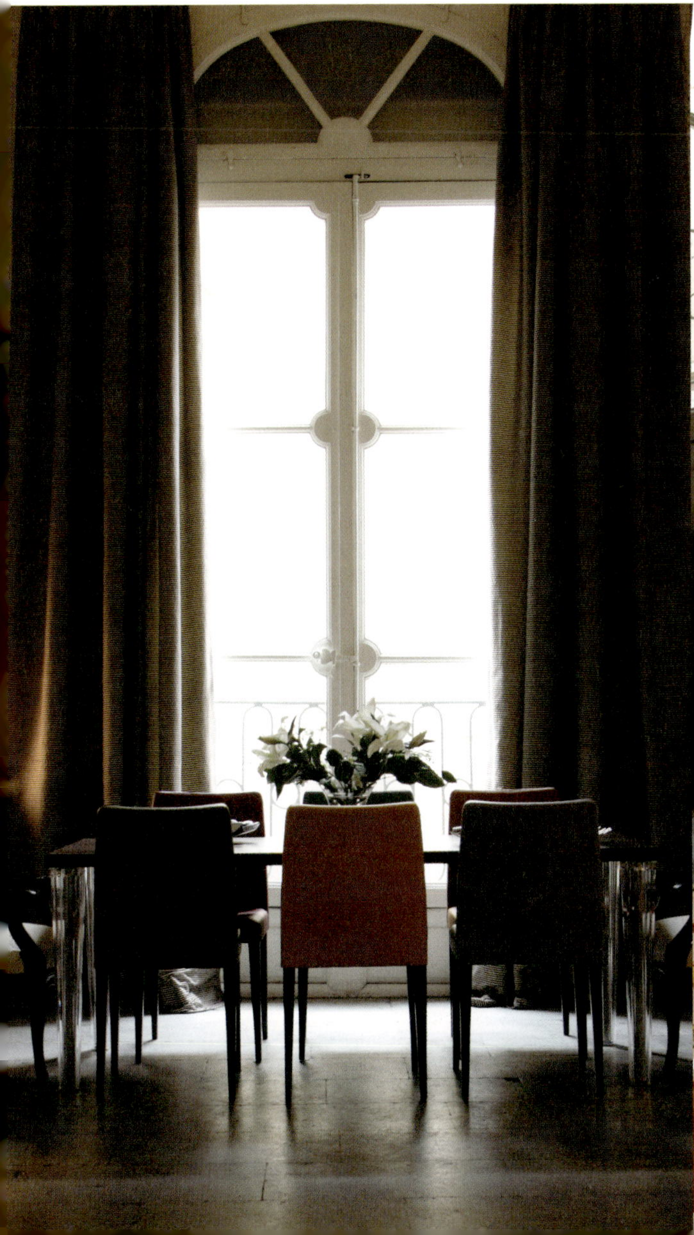
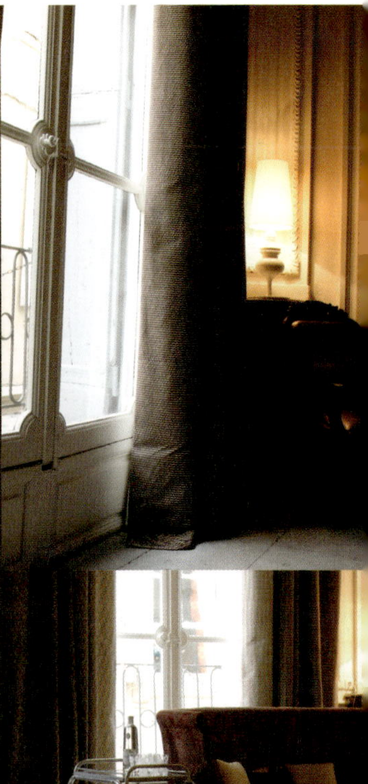
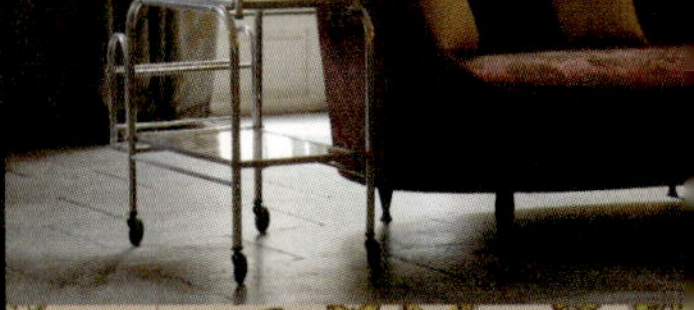
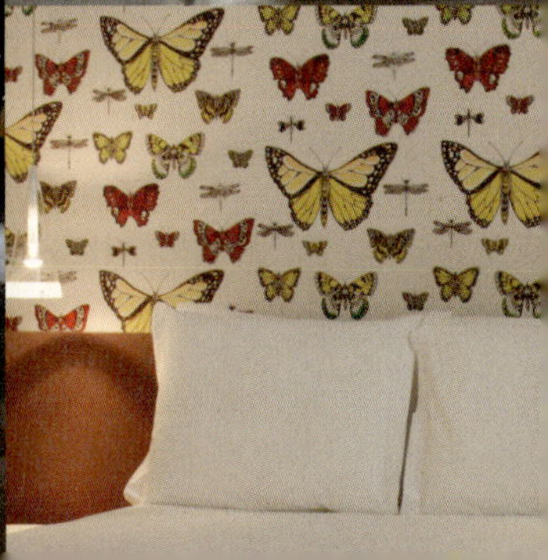

建物の入口や階段はタイムスリップしたような雰囲気。
モンペリエへはパリ・リヨン駅からＴＧＶで３時間半。
駅から徒歩で約１５分のところにある。

マルセイユ
Marseille カサ・オノレ
# Casa honoré

マルセイユのヴュー・ポール（旧港）近くにあるメゾン・ドット。
マルセイユはフランス第2の都市であり、古くからの港町。人も
街もパリとは異なり、エネルギッシュ。客室から何気に見える風景も
南仏ならでは。オレンジ色の瓦、ベランダに置かれたオリーブの木が
南の街を感じさせてくれる。

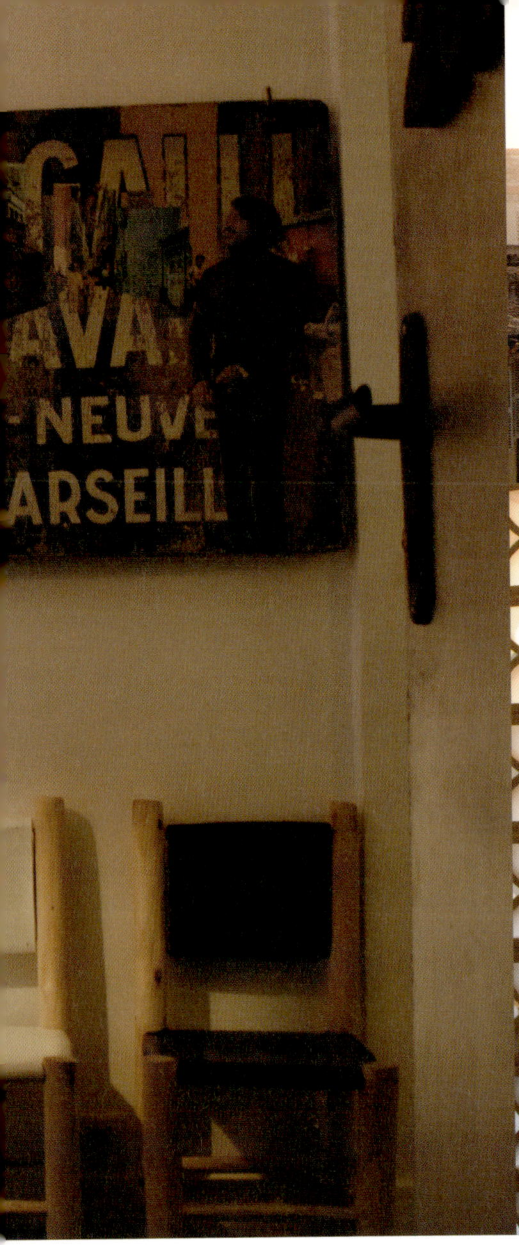
-NEUVE
ARSEILL

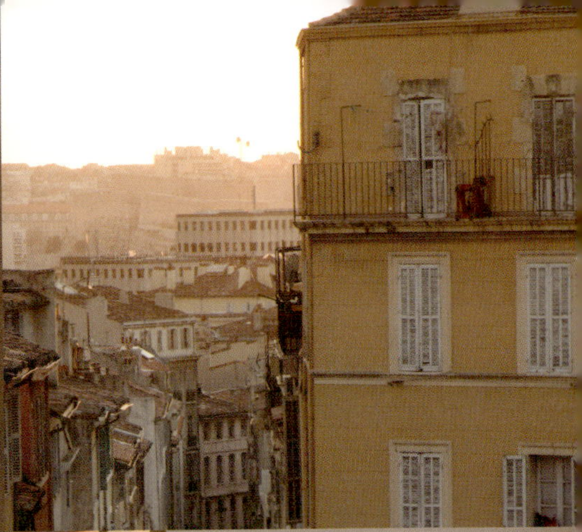

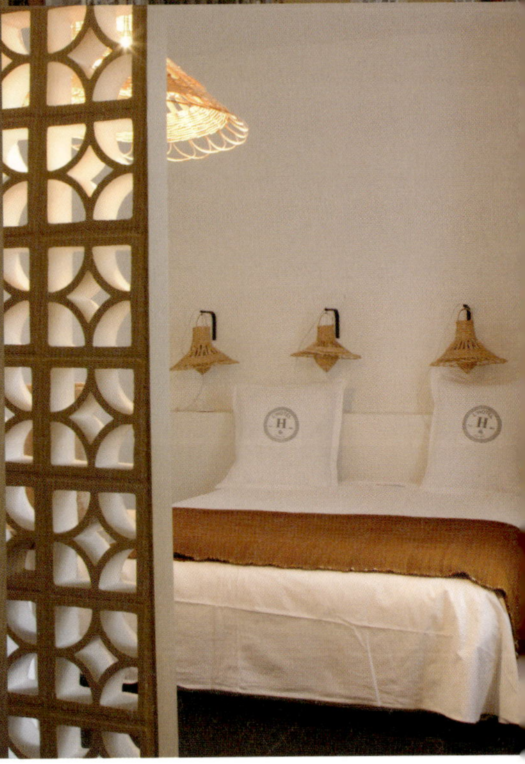

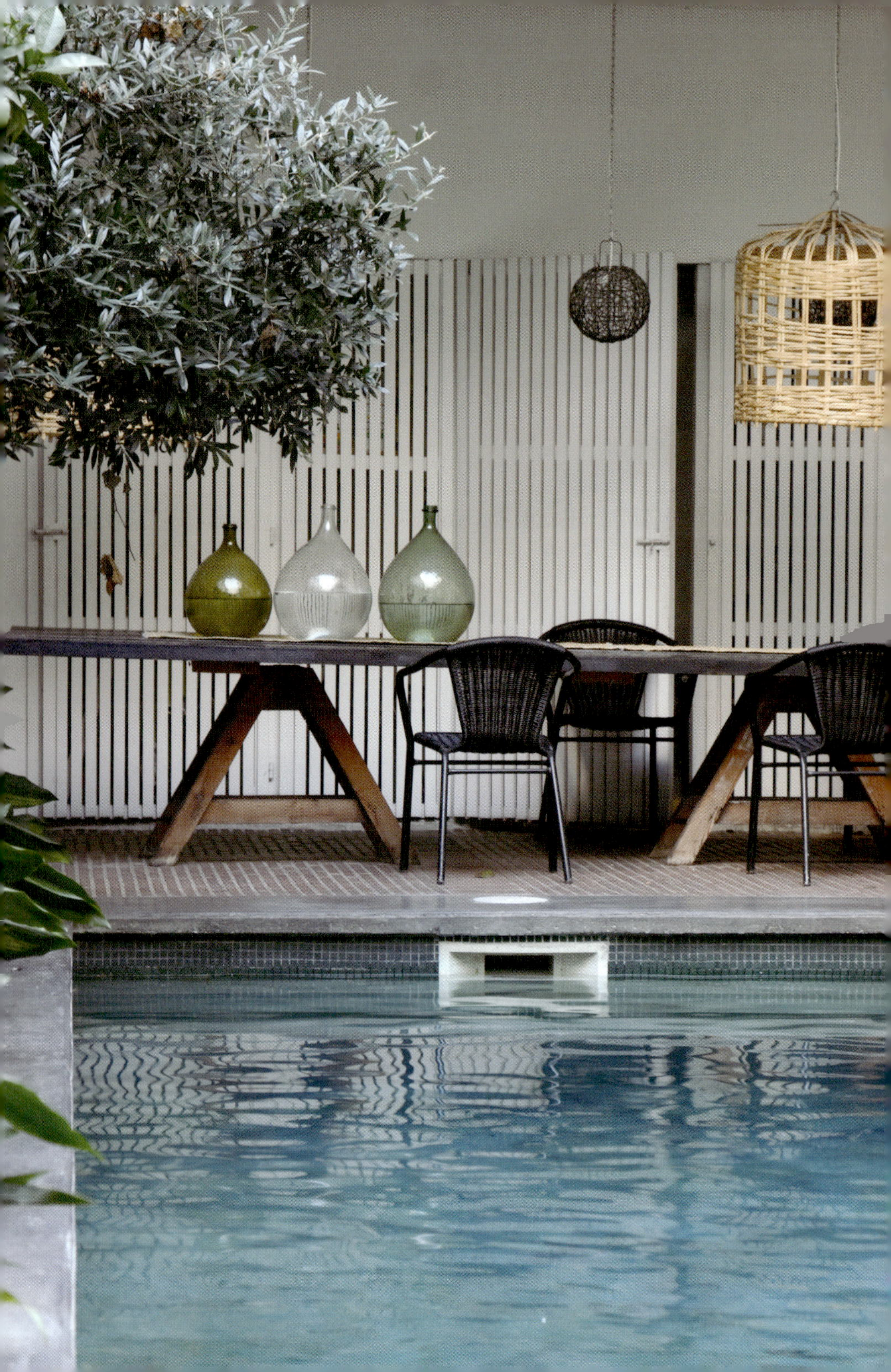

古い印刷屋をリノベーションしたという家で中庭にはプール、4つの客室をはじめインテリアやディスプレイは完璧。オーナー一家は雑貨やバッグのデザインを手掛けている(www.honore.jp)。
隣には、そのショップとサロン・ド・テがあるので、プロダクト・デザインに興味のある方は立ち寄ってみて。

ブルゴーニュ
Bourgogne

ラ・フェルム・ドゥ・マリー－ウジェニー

# La ferme de marie-eugénie

ブルゴーニュ地方にある農家を改装したシャンブル・ドット。オーナーのおばあさんが暮らしていたという家で、カントリー風の内装に18世紀のアンティークからイケアの雑貨までがうまくミックスされ、お手本にしたくなる。ここは夕食も提供してくれるターブル・ドットなので自家製パテやブレス鶏を使ったママンの味を堪能してみて。

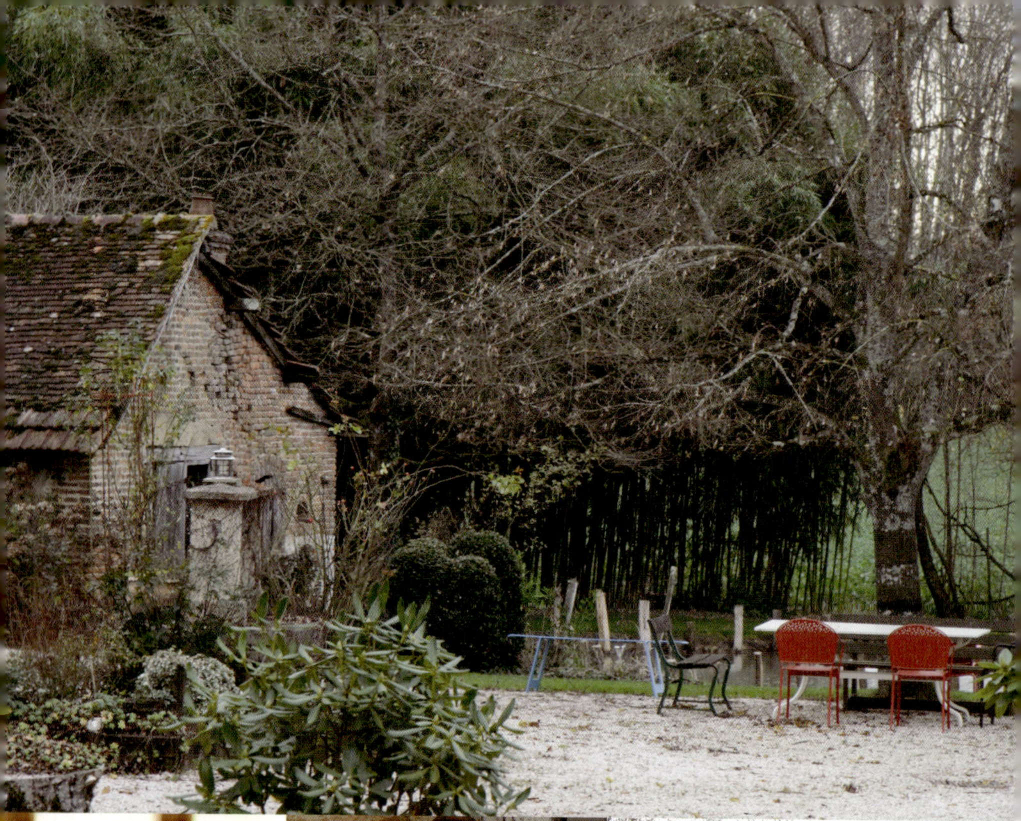

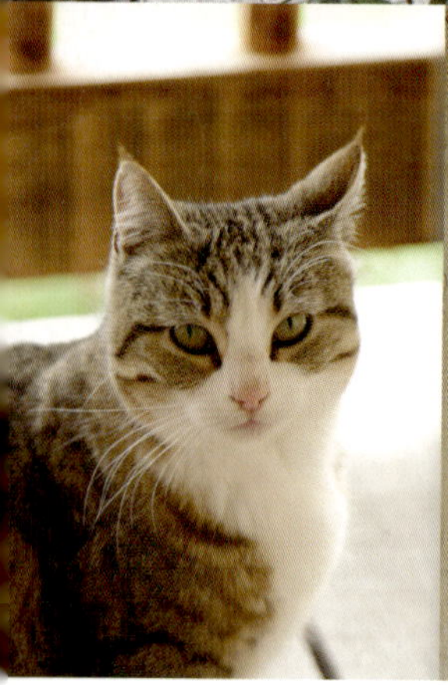

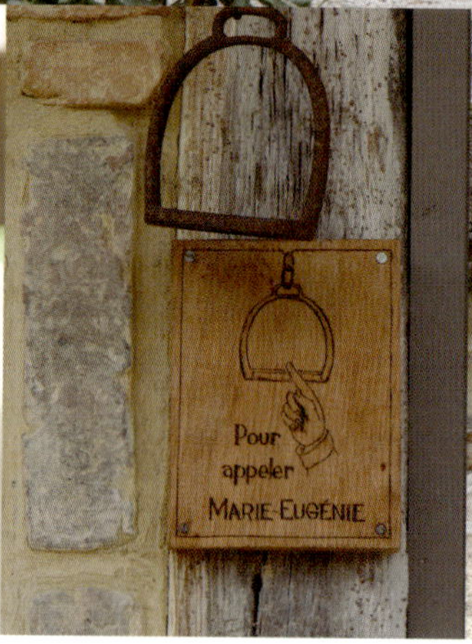
Pour
appeler
MARIE-EUGÉNIE

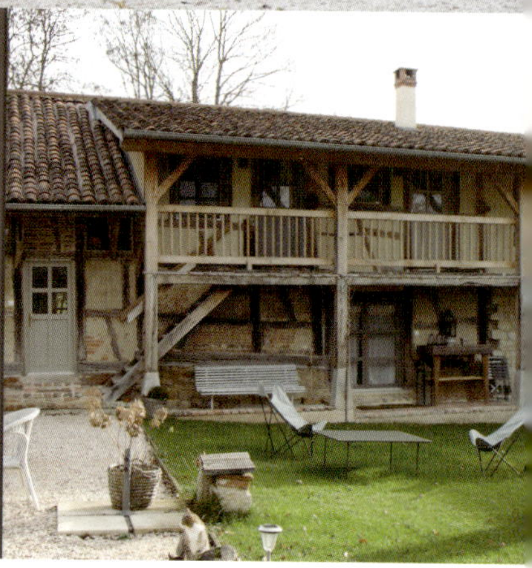

マリー・ウジェニーさんの農場という意味。辺り一面は畑。敷地内にはベンチやブランコ、デッキチェアが置かれ、一日をここで過ごせる。最寄駅はルーアン（Louhans）。パリからＴＧＶでディジョンへ、そこからローカル線に乗り換えて１時間ほど。駅まで迎えにきてもらえる。ルーアンは月曜日のマルシェが有名なので、そのつもりで予定を組んでみては。

# Information

パリ　Paris

南フランス・ブルゴーニュ　Sud de la france & Bourgogne

地図番号　宿名（掲載順）
1. URL（ないところはメールアドレス）
2. 1室の料金
3. 最寄駅

**注意事項**
※代金は一室あたりの金額です。宿泊人数、滞在日数によって代金が異なる場合があるので予約の際にご確認ください。※宿泊は2日、3日以上からという基準を設けているところが多く、1泊のみの滞在は受け付けていない、もしくは料金が高くなるところもあります。

## パリ

**1　Le boudoir de serendipity**
1. www.leboudoirdeserendipity.com
2. 125ユーロ〜
3. Gabriel Péri 13

**2　Villa montmartre**
1. www.villamontmartre.com
2. 150ユーロ〜
3. Abbesses 12　Pigalle 2,12

**3　Chez bertrand**
1. www.chezbertrand.com
2. 230ユーロ（2泊）〜
3. Garibaldi 13
   Porte de Clignancourt 4

**4　Villa clara**
1. web.me.com/villa.clara
2. 195ユーロ〜
3. St-Georges 12　Pigalle 2,12

**5　Une chambre à montmartre**
1. www.chambre-montmartre.com
2. 150ユーロ〜
3. Abbesses 12

**6　Le petit paradis de paris**
1. www.petit-paradis-de-paris.com
2. 750ユーロ（1週間）〜
3. St-michel 4, RER-C, RER-B

**7　Le studio 22**
1. lestudio22.typepad.fr/chambre_dart
2. 190ユーロ〜
3. Filles du calvaire 8

**8　Côté montmartre**
1. www.cotemontmartre.com
2. 120ユーロ〜
3. Trinité d'Estienne d'Orves 12

**9　The gentle gourmet**
1. gentlegourmetbandb.com
2. 130ユーロ〜
3. Argentine 1

**10　Au sourire de montmartre**
1. www.sourire-de-montmartre.com
2. 135ユーロ〜
3. Jules joffrin 12

**11　Chez jean-michel**
1. unechambredhoteaparis.com
2. 70ユーロ〜
3. Gambetta 3

**12　B&B Guenot**
1. bb-guenot.com
2. 110ユーロ〜
3. Rue des boulets 9
   Nation 1,2,6,9　RER-A

**13　6mandel**
1. www.6mandel.com
2. 230ユーロ〜
3. Trocadéro 6,9

**14　A room in paris**
1. www.aroominparis.com
2. 70ユーロ〜
3. Gare du nord 4,5
   RER-B, RER-D

**15　La villa paris**
1. www.la-villa-paris.com
2. 140ユーロ〜
3. Tolbiac 7
   Place d'Italie 5,6,7

**16　Paris oasis**
1. www.paris-oasis.com
2. 70ユーロ〜
3. Anvers 2　Château rouge 4

**17　Bed & Beige**
1. www.chambrehotes.fr
2. 50ユーロ〜
3. Bus DM151 : Linas mairie

**18　Chez claire / Meeting the french**
1. www.meetingthefrench.com (A46)
2. 82ユーロ〜
3. St-Augustin 9

**19　Thermas loft**
1. pgassin@free.fr（メール）
2. 975ユーロ（3日）〜
3. Arts et métiers 3,11

**20　Villa carioca**
1. www.villacarioca.fr
2. 150ユーロ〜
3. Maisons-Laffitte　RER-A

**21　Perfect paris rental**
1. perfectparisrental.com
2. 1225ユーロ（1週間）〜
3. Bastille 1,5,8

**22　The box in Paris**
1. www.theboxinparis.com
2. 160ユーロ〜
3. Pigalle 2,12

**23　L'Atelier des beaux-arts**
1. www.latelierdesbeauxarts.com
2. 135ユーロ〜
3. Vavin 4　Notre-Dame des Champs 12 (montparnasse)

**24　Chez nicolas**
1. www.placemontmartre.fr
2. 900ユーロ（1週間）〜
3. Anvers 2

**25　À la nouvelle athènes**
1. paris_location@orange.fr（メール）
2. 110ユーロ〜
3. Liège 13

## 南フランス・ブルゴーニュ

**1　Baudon du mauny**
1. www.baudondemauny.com
2. 160ユーロ〜
3. Montpellier モンペリエ

**2　Casa honoré**
1. www.casahonore.com
2. 150ユーロ〜
3. Marseille マルセイユ

**3　La ferme de marie-eugénie**
1. www.lafermedemarieeugenie.fr
2. 95ユーロ〜
3. Bourgogne (Chardenoux)
   ブルゴーニュ

## パリのシャンブル・ドット

| | |
|---|---|
| 初版発行 | 2010年2月15日 |
| 著者 | 安田知子 |
| 装丁・デザイン | AD WAGON |
| 編集 | 山本真由 |
| 発行人 | 案納俊昭 |
| 発行元 | 株式会社ブルース・インターアクションズ |
| | 東京都港区六本木3-16-35 イースト六本木ビル4F |
| | 編集　tel 03-6234-1222／fax 03-6234-1223 |
| | 営業　tel 03-6234-1220／fax 03-6234-1221 |
| | http://bls-act.co.jp |

印刷・製本　　大日本印刷

ISBN978-4-86020-383-2
printed in japan
©2010 tomoko yasuda / blues interactions, inc.

万一、乱丁落丁の場合はお取り替えいたします。
定価はカバーに記してあります。
禁無断転載